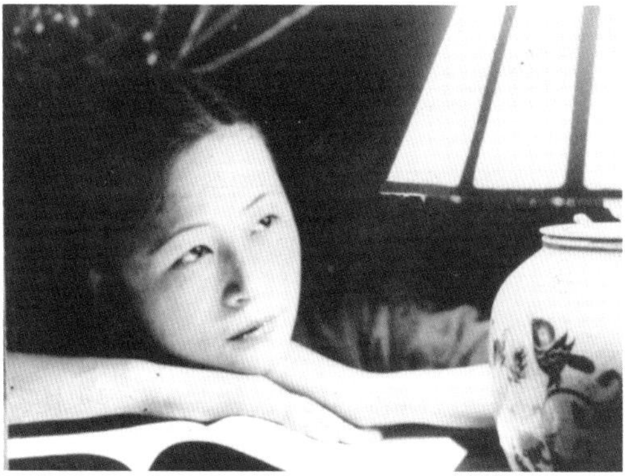

"十四五"国家重点出版物

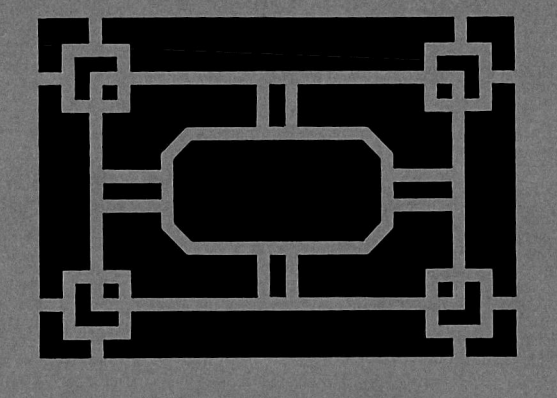

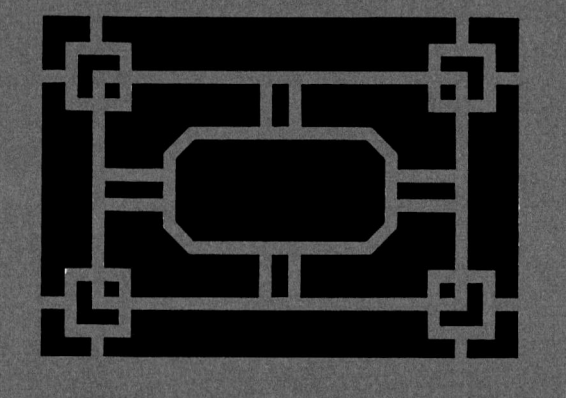

林徽音先生年谱

CHRONOLOGICAL LIFE OF LIN HUIYIN

曹汛 著

北京出版集团
文津出版社

作者简介

曹汛（1935—2021），北京建筑大学建筑与城市规划学院教授。1961年毕业于清华大学建筑系。曾任辽宁省文物考古研究所高级建筑师、北京大学考古文博学院特聘教授、台湾树德大学建筑系特聘教授，20世纪90年代在北京林业大学教授《中国园林史》。治学严谨，尤精于史源学、年代学考证，发表学术论文数百篇，出版《中国造园艺术》《现代建筑画选》等专著，是学术界公认的建筑学家、园林学家和文史学家。

V

1904	—	002
	—	
	—	
1907	—	004
1908	—	006
1909	—	008
	—	
	—	
1912	—	010
1913	—	014
1914	—	016
	—	
1916	—	018
1917	—	022
1918	—	024
	—	
1920	—	026
1921	—	032
1922	—	036
1923	—	038
1924	—	042
1925	—	050
1926	—	052
1927	—	056
1928	—	060
1929	—	066
1930	—	070
1931	—	072
1932	—	080
1933	—	086
1934	—	094
1935	—	104
1936	—	114
1937	—	126
1938	—	138
1939	—	142
1940	—	146
1941	—	148
1942	—	152
1943	—	156
1944	—	162
1945	—	164
1946	—	168
1947	—	170
1948	—	174
1949	—	178
1950	—	184
1951	—	188
1952	—	190
1953	—	194
1954	—	198
1955	—	202

目录

001　林徽音先生年谱

209　骄傲的辉煌
　　　——林徽音先生和她的建筑世界

林徽音先生年谱

1

1904 年

(以下纪岁均用虚岁)

6月10日，林徽音先生生于杭州陆官巷住宅。祖籍福州。父亲根据《诗经·大雅·思齐》"大姒嗣徽音"的出典，给她取名徽音，犹云懿美之德音。傅玄诗"徽音冠青云"，父亲对女儿抱有很高的期望。

祖父孝恂字伯颖。父亲长民字宗孟（1876—1925），二十九岁。母亲何雪媛（1882—1972），二十三岁。林长民早年受业于林纾，后来毕业于日本早稻田大学，学的是政治经济，回国后办教育，创办私立福建法政学堂。辛亥革命后，成为著名社会活动家和外交活动家。长诗文，工书法，且为人浪漫，有"万种风情无地着"之句，最为传诵。

4

1907 年

·1907年林徽音四岁
（中国营造学社纪念馆提供）

5

1908 年

妹麟趾生。麟趾为同母所生，后来未长大。再小诸弟妹都不是同母所生。母亲在家里处境尴尬，在她幼小的心灵中造成阴影。

6

1909 年

《一片阳光》

一片阳光

(节选)

　　这里要说到我最初认识的一片阳光。那年我六岁，记得是刚刚出了水珠以后——水珠即寻常水痘，不过我家乡的话叫它做水珠。当时我很喜欢那美丽的名字，忘却它是一种病，因而也觉到一种神秘的骄傲。只要人过我窗口问问出"水珠"么？我就感到一种荣耀。那个感觉至今还印在脑子里。

……

　　那时大概刚是午后两点钟光景，一张刚开过饭的八仙桌，异常寂寞地立在当中。桌下一片由厅口处射进来的阳光，泄泄融融地倒在那里。一个绝对悄寂的周围伴着这一片无声的金色的晶莹，不知为什么，忽使我六岁孩子的心里起了一次极不平常的振荡。

　　那里并没有几案花香，美术的布置，只是一张极寻常的八仙桌。如果我的记忆没有错，那上面在不多时间以前，是刚陈列过咸鱼、酱菜一类极寻常俭朴的午餐的。小孩子的心却呆了。或许两只眼睛倒张大一点，四处地望，似乎在寻觅一个问题的答案。为什么那片阳光美得那样动人？我记得我爬到房内窗前的桌子上坐着，有意无意地望望窗外，院里粉墙疏影同室内那片金色和煦绝然不同趣味。顺便我翻开手边娘梳妆用的旧式镜箱，又上下摇动那小排状抽屉，同那刻成花篮形的小铜坠子，不时听雀跃过枝清脆的鸟语。心里却仍为那片阳光隐着一片模糊的疑问。

时间经过二十多年，直到今天，又是这样一泄阳光，一片不可捉摸，不可思议流动的而又恬静的瑰宝，我才明白我那问题是永远没有答案的。事实上仅是如此：一张孤独的桌，一角寂寞的厅堂。一只灵巧的镜箱，或窗外断续的鸟语，和水珠——那美丽小孩子的病名——便凑巧永远同初春静沉的阳光整整复斜斜地成了我回忆中极自然的联想。

迁居蔡官巷大宅，与祖父母、姑母住在一起，随表姐王孟瑜、王次亮、曾语儿一道由大姑母林泽民发蒙读书。诸姊妹中她的年龄最小，聪慧又调皮，有时似不经意听讲，叫她背诗书则无不成诵。喜欢观察和思考，后来写《一片阳光》，追忆六岁出水痘暂时隔离观察阳光的感受，已经非常细腻。

9

1912 年

3月，父亲携徽音、麟趾及诸甥女孟瑜、次亮、语儿等一群小燕子出游，令她们姊妹合照一相，亲为题记，称照片上的徽音邀语儿手，意若甚昵，实则两子都伶俐调皮，"往往相争，果饵调停，时时费我唇舌也"。又称五女"读书皆慧"，大姑家教有方。

徽音后来写小说《文珍》，提到"家里在复杂情形下搬到另一个城市去，自己是多出来的一件行李，大约七岁，似乎已长大……"被接到亲戚家去住。小说写文珍同一个革命党跑了。"真的革命了，许多人都跑上海去住。"小说中的"革命"，正是辛亥革命。

是年，全家由杭州迁居上海，住虹口区金益里，与表姐们入附近爱国小学，读二年级。徽音早熟早慧，自云七岁"似乎已长大"，正是纪实。

· 1912年徽音九岁与诸表姐及妹妹合影。左起徽音、语儿、次亮、麟趾、孟瑜

（中国营造学社纪念馆提供）

"壬子三月，携诸女甥、诸女出游，令合照一图。麟趾最小。握其手，衣服端整身亭亭者王孟瑜，衣袖襞积，貌圆张目视者瑜妹次亮。长面发覆额最低者语儿曾氏，徽音白衫黑袴，左手邀语儿，意若甚昵，实则两儿俱黠，往往相争，果饵调停，时时费我唇舌也。瑜、亮，大姊出；语儿、四妹出；徽、趾，吾女。趾五岁，徽九岁，语十一，亮十二，瑜十四，读书皆慧。长民识。"

10

1913 年

父亲当选为众议院议员,任秘书长,母亲带妹妹麟趾去北京,住前王公厂旧居。徽音仍留上海读书。

11

1914年

父亲任北京政府政事堂参议，徽音全家自上海迁居北京。

13

1916 年

4月,袁世凯称帝后,全家迁居天津英租界红墙道。父亲仍留北京。

秋,举家由天津返北京。

9月,在梁启超支持下,林长民参加并组织"宪法研究会"。

是年,徽音与表姐们同入英国教会办的培华女子中学。

·1916年徽音与表姐们在培华女子中学读书，穿统一校服。左起王次亮、曾语儿、王孟瑜、林徽音

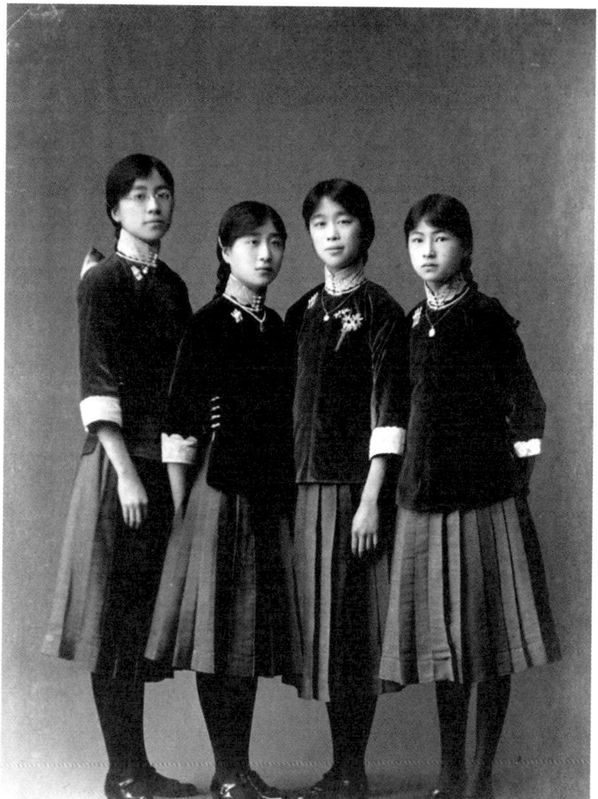

14

1917 年

张勋复辟，全家迁居天津，徽音留京。后与叔父林天民至天津，寓自来水路。诸姑偕表姐随后也来到天津。

7月17日，父亲支持段祺瑞讨伐张勋，任司法总长。

8月，举家自天津返北京。

15

1918 年

《蛛丝和梅花》

蛛丝和梅花

(节选)

    最叫人惜的花是海棠一类的"春红",那样娇嫩明艳,开过了残红满地,太招惹同情和伤感。但在西方即使也有我们同样的花,也还缺乏我们的廊庑庭院。有了"庭院深深深几许"才有一种庭院里特有的情绪。如果李易安的"斜风细雨"底下不是"重门须闭"也就不"萧条"得那样深沉可爱;李后主的"终日谁来"也一样的别有寂寞滋味。看花更须庭院,深深锁在里面认识,不时还得有轩窗栏杆,给你一点凭藉,虽然也用不着十二栏杆倚遍,那么慵弱无聊。

……

    一根蛛丝!记忆也同一根蛛丝,搭在梅花上就由梅花枝上牵引出去,虽未织成密网,这诗意的前后,也就是相隔十几年的情绪的联络。

    午后的阳光仍然斜照,庭院阒然,离离疏影,房里窗棂和梅花依然伴和成为图案,两根蛛丝在冬天还可以算为奇迹,你望着它看,真有点像银,也有点像玻璃,偏偏那么斜挂在梅花的枝梢上。

初识梁启超之子梁思成（1901—1972）。思成为梁启超第二子，长子夭亡，以年长之子尽长子义务。思成是年十八岁，徽音称他梁二哥。

是年，成立国际联合协会中国分会，林长民为发起人之一，任协会总干事，为国联事务常驻英伦。

少女时代的徽音才华过人。她后来写的《蛛丝和梅花》说起自己十六岁时自觉解花的情绪和诗意的凝思，那时对于文学艺术，尤其是文学与建筑，都已有深刻独到的见解。父亲不无骄傲地说，论中西文学及品貌，当代女子舍其女莫属。又说"做一个有天才的女儿的父亲，不是容易享的福，你得放低你天伦的辈分先求做到友谊的了解"。徽音也把父亲看作是最亲密的知己。

17

1920 年

林长民任司法总长三个月被迫去职，因为不得志和对官场失望，决定"出国考察"和以国际联合协会中国分会成员的名义讲学游历，4月赴欧洲。为使心爱的女儿"增长见识"和"扩大眼光"，携徽音同行。徽音随父亲到伦敦，在伦敦继续读中学，出落得亭亭玉立。

7月，随父亲到巴黎、日内瓦、罗马、法兰克福、柏林、布鲁塞尔等地旅行。9月回到伦敦，考入圣玛丽学院。

9月24日，徐志摩（1897—1931）由美国来到英国，10月上旬，徐志摩就读于伦敦政治经济学院，攻读博士学位。徽音随即结识陈源（西滢），由陈引见和威尔斯结识，辗转介绍，又结识了麦雷和卞因等人。成了卞因的朋友之后，开始对文学发生兴趣。

·1920年，徽音与父亲在伦敦

（中国营造学社纪念馆提供）

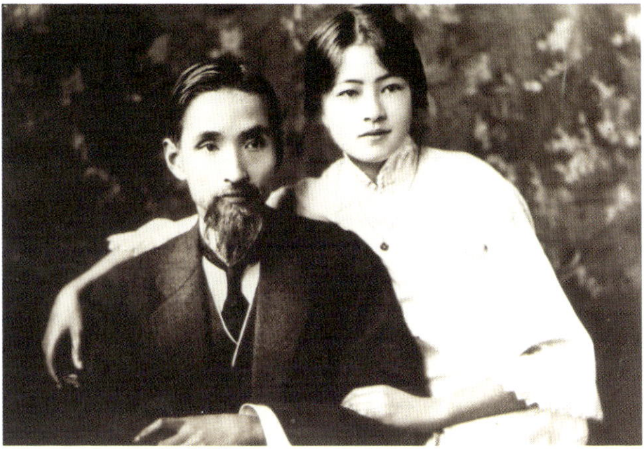

·1920年，伦敦花季，成长和欢乐

（中国营造学社纪念馆提供）

17

・1920年，父亲外出讲演，女儿很孤单

（中国营造学社纪念馆提供）

18

1921 年

年初，徐志摩和林长民一起参加伦敦中国国际联盟同志会，由林长民介绍，结识了著名作家狄更生。

春，徐志摩前来拜会林长民。徽音与徐志摩的初次相遇不会早于是年春月。旧说二人于1920年结识，不确。一说二人1921年秋季结识，亦不确。徽音1931年作《悼志摩》文中说道："我认识他，今年整十年。""我初次遇到他，也就是他初次认识到影响他迁学的狄更生先生。"随后徐志摩才由狄更生介绍，进了皇家学院。《悼志摩》又说，徐志摩和她父亲"最谈得来"，"一见面之后便互相引为知己"。林长民喜欢年轻人，和徐志摩结为忘年之交，两人甚至"说着玩"商量彼此假装通情书。徐志摩后来倾心徽音，产生情愫。徽音比他小八岁，初见时差一点叫他叔叔。差八岁已是一个不小的"代沟"，徽音后来写的小说《窘》，是一种友好的合乎情理的交代。

3月，父亲赴瑞士开国联会，又去法国，徽音自己留在伦敦，情绪很是孤独。在伦敦期间她读了许多名著，还常到大英博物馆附近的诗籍铺听人朗诵新旧诗歌。

8月,随柏烈特全家赴英国南海边避暑。

9月14日,租屋期满,借住柏烈特家。

是年,在伦敦会见徐志摩夫人张幼仪,产生同情和怜悯。秋,幼仪赴柏林求学,林长民父女及陈源前去送行,志摩陪送到柏林,不久返回伦敦。

10月14日,徽音与徐志摩的交往以及与张幼仪的会见产生复杂的情结,遂决计提前回国。后来她写信给沈从文,说伦敦"天天落雨又落雨",父亲出去讲演挺热闹,女儿很孤单,希望有个人叩门走进来坐在对面谈话讲故事,希望有个人来爱她。她不认识一个男朋友,没有一个像她想象的浪漫人物,"却还加上一大堆人事上的纠纷"。伦敦使她痛苦,聪明的父亲心领神会,放下一切,毅然陪爱女回国。

11月至12月间，随父亲抵上海，梁启超派人接回北京，住雪池胡同，仍进培华女子中学读书。

在英伦期间，父亲携徽音进入一个文化界人士的社交圈子，认识了H.G.威尔斯、E.M.福斯特、T.哈代、A.韦利、B.罗西尔和K.曼斯菲尔德等著名作家。林长民是国际笔会中国方面的负责人之一。在伦敦读书期间，据说女房东（一说房东女儿）是建筑师，受了她的影响，徽音决心将来学建筑。可能有这样一个导因，但徽音出国之前，对于建筑与文学都有了较深的理解。徽音的学问融会中西、贯通古今，中国传统文化的影响还是最深。杜甫云"安得广厦千万间，大庇天下寒士俱欢颜"，元稹云"忆年十五学构厦，有意盖覆天下穷"。徽音喜爱文学和美术，要报效祖国、改良社会，最终选择了与文学和美术关系最密切的建筑艺术，她不愿以纯粹的文学或美术为终身职业。

1922 年

在培华女子中学读书。

3月，徐志摩赴柏林，经金岳霖、吴经熊作证，与张幼仪离婚。

春，徽音与思成婚事"已有成言"，但未定聘。两人的交往开始密切，思成常到雪池胡同或松坡图书馆和她一起读书谈话。聪颖秀慧的徽音，喜欢思成的豁达和豪爽。

20

1923 年

在培华女子中学读书。

5月7日,思成带弟弟思永乘摩托车赶去参加学生纪念国耻日游行,在南长街被军阀金永贵的汽车撞折左腿,住进协和医院。徽音到医院护理探望,增进了感情。7月,思成出院。

12月,北京《晨报》出纪念五周年增刊,徽音为设计封面图案,以"光明、正义、平和、永久"为主题,制成黑白画图案,近景绘一钟楼,中景为一平静湖面,远景为密林和初升的太阳,天空中一对白鸽在自由飞翔,这个设计新颖大方爽朗,受到好评。钟楼建筑画的是正立面投影图,已具有建筑专业的绘图意味。这个封面设计署名"尺棰",同时徽音又以尺棰为笔名,翻译奥斯卡·王尔德的散文诗《夜莺与玫瑰》,在同一增刊上发表。《晨报》的前身为《晨钟报》,是以梁启超、汤化龙为首的进步党(后改为宪法研究会)的机关报。一般以为,林徽音是参加新月社后,1931年在徐志摩的影响下开始发表作品,实不确。"尺棰"的笔名取自

·1923年二十岁时应邀设计的《晨报》五周年增刊封面

《庄子·天下》:"一尺之棰,日取其半,万世不竭。"是用无限的追求激励自己,还是已寓有建筑与文学的追求各取一半的意思,颇耐人寻味。

是年,思成毕业于清华学校,原计划当年即赴美深造,因车祸未能成行。徽音毕业于培华女子中学,考取半官费留学。思成在徽音的影响和推动下,立志学建筑。

是年,新月同人已有一些小型家庭餐会,但是还没有成立新月社。相传1923年已有新月社,实不确。

21

1924年

春，新月社在西单石虎胡同七号挂牌正式成立，称新月俱乐部。林长民携徽音参加俱乐部成立大会并祝贺。

印度诗哲泰戈尔应梁启超、林长民等人之邀访华，4月23日到北京。林长民、陈源、蒋百里、林语堂、张彭春等去火车站欢迎，徽音穿扮成印度少女在宾馆候迎。

4月25日，在北海静心斋举行茶会，欢迎泰戈尔。26日，陪泰戈尔游法源寺赏丁香，有林徽音等二女士同行。27日，徽音等陪泰戈尔游御花园，会见溥仪和郑孝胥。28日，请泰戈尔在先农坛内的雩坛草坪上讲演，林徽音搀扶上台，徐志摩作翻译。吴泳《天坛史话》称："林小姐人艳如花，和老诗人挟臂而行，加上长袍白面、郊荒岛瘦的徐志摩，犹如苍松竹梅的一幅三友图。"

5月8日，在东单三条协和小礼堂庆祝泰戈尔六十四岁生日，胡适、梁启超发表祝寿演说，泰戈尔致谢词。文艺节目开始之前，由林徽音饰一古装少女恋望新月的造型表示对新月社的祝贺。接着由林徽音主演泰戈尔著名诗剧《契成拉》。林徽音饰公主契成拉,张歆海饰王子阿朱那,徐志摩饰爱神玛达那,林长民饰寿神伐森塔。张彭春担任导演,梁思成担任布景。剧本未翻译,演出全用英语。5月10日《晨报》报道演出盛况,有"父女合演,空前美谈","林女士态度音吐,并极佳妙"等评语。先前演剧男女不同台,此次男女同台,又是父女同演,确属空前,一时传为佳话。

泰戈尔在北京期间,林徽音与徐志摩共同度过了照顾他们最尊敬的印度诗圣戈老爹的时光,他们在众目睽睽之下完成着戏剧性和使人兴奋的公众使命,她的"一代才女"的声名,就是这时在社会上传扬开来。徐志摩私下对泰戈尔说他仍然爱着徽音,老诗人本人也曾代为求情,却没有使她动心。泰戈尔为她作了一首诗:"天空的蔚蓝/爱上了大地的碧绿/他们之间的微风叹了声'唉'!"

5月20日,徐志摩陪泰戈尔一行前往太原,徽音等到东站送别泰戈尔。徐志摩在车厢中匆忙写信给徽音,未写完车已开,十分伤感,恩厚之抢过去,收进了自己的皮包。

6月,与思成同往美国留学。7月7日抵达纽约,进绮色佳康奈尔大学,补习并选修课程。在绮色佳曾会见谢冰心并合影。

9月,结束康校暑期课程,与思成同往费城入宾夕法尼亚大学。思成就读建筑系,建筑系不收女生,徽音不得已进美术系,选修建筑系的课程。

·1924年,林徽音、梁思成等在西单石虎胡同七号新月社院内。前排左起梁思成、温源宁、林徽音;后排左起王次亮、王孟瑜

· 1924年5月,林徽音等与印度诗圣泰戈尔在北京合影。左起梁思成、张歆海、林长民、恩厚之、泰戈尔、林徽音、徐志摩(中国营造学社纪念馆提供)

·1924年,梁启超与次女梁思庄和林徽音一起在北京游长城

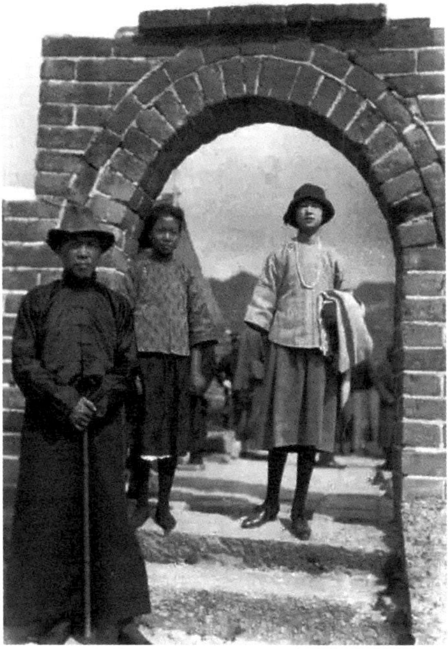

22

1925 年

1月18日，在美国留学的余上沅、闻一多、梁实秋、熊佛西、林徽音、梁思成等人组织了中华戏剧改进社，致信请国内新月社同人参加，并提议在北大开办戏剧传习所，等条件成熟可成立北京艺术剧院。徐志摩等人十分赞同这些意见。

11月，驻京奉军首领郭松龄参加冯玉祥国民革命军，称"东北国民军"，在滦州倒戈反奉，通电全国逼张作霖下野。林长民受聘于郭松龄为幕僚长。12月24日进兵白旗堡遇伏，林长民死于乱军中，时年五十一。徽音在美国求学得到梁启超告知的噩耗，痛不欲生。

23

1926 年

2月2日,徐志摩作《伤双栝老人》哀悼林长民,极为沉痛,生死之义尽备,刊载在2月3日《晨报》副刊上。

10月3日,徐志摩与陆小曼在北海结婚,由梁启超证婚,胡适作介绍人。梁启超以严师身份作训词,满座失色。第二天梁启超给子女写信谈到此事,余怒仍未息,信中附有婚礼训词全文,还特地要思成、徽音"认真读读"。

徽音自入学后奋发图强,读美术与建筑两个专业的课程,美国教师称赞菲理斯(徽音英文名)的建筑图画得"棒极了"。为此,破格特聘她为建筑系兼职助教。因业绩突出,旋又聘为兼职讲师,直到毕业。

是年,徐志摩、余上沅等人在上海发起组织中国戏剧社,社员名单中有林徽音,列为"待征同意者"。

- 1926年，林徽音为美术系设计的圣诞卡，采用了马赛克镶嵌画的风格，画中东方三博士手持礼盒，盒上文字为painting(绘画)、sculpture（雕塑）和architecture（建筑），寓意造型艺术三姐妹

PEACE ON EARTH
HITECTV
CVLPT
INTING
SCHOOL OF FINE ARTS
CHRISTMAS 1926
PWTLIN

24

1927 年

1月12日，胡适到纽约。2月4日去哥伦比亚大学作讲演，并完成取得该校哲学博士学位的最后手续。2月6日，徽音致函胡适，代表宾大新创立的教育会，邀请胡适前来讲演。2月11日胡适讲演，15日又致函胡适，表示谢意。信中称到美国是"精神充军"，她思念祖国，"旅居的梦魂常常绕着琼塔雪池"。还请凌叔华送她几张北京雪池老房子的照片。

9月，结束宾大学业，获美术学士学位。与思成同在费城保罗·克瑞建筑事务所实习，之后又入耶鲁大学戏剧学院，在G.P.柏克教授工作室学习舞台美术设计六个月。思成以硕士学位毕业于宾夕法尼亚大学建筑系，又进入哈佛大学研究生院。

12月18日，梁启超在北京为思成、徽音的婚事"行文定礼"。

·1927年，徽音与中国部分留美学生在纽约合影。前排左梁思成、右陈植，二排左林徽音
（中国营造学社纪念馆提供）

BACHELOR OF FINE ARTS: MISS PHYLLIS WHEI YIN LIN of Peking, China, Has Attained Academic Honors at the University of Pennsylvania.

·1927年,林徽音在宾夕法尼亚大学获美术学士学位

25

1928 年

3月10日《新月》创刊号出版,徐志摩、闻一多、饶孟侃主编。

3月21日,徽音与思成到加拿大渥太华结婚。梁启超托长女思顺和女婿周希哲帮助料理,希哲在渥太华任中国驻加拿大总领事。婚礼选在3月21日,为宋代著名建筑家《营造法式》作者李明仲碑上的唯一日期。婚礼在总领事馆中举行,徽音不愿穿西方式白婚纱,自己设计带东方色彩的结婚礼服,引起当地新闻界很大兴趣。婚后旅游欧洲度蜜月,参观古代和现代建筑,到过英国、德国、瑞士、法国、意大利、西班牙等国,经西伯利亚乘火车回国。7月6日到西班牙古城格拉纳达,要去瞻仰阿尔罕布拉宫。开往阿尔罕布拉宫的末班旅游车已经发出,二人不想再等一天,便雇一辆马车飞驰而去,赶到时天色已黄昏,就要闭宫门了,他们急得满头大汗,请求让他们参观一下,管理人员非常感动,陪他们参观游览,进入著名的石榴院和狮子院时,月亮已高高挂起,月光下的麻花柱廊加强了狮子院的神秘气氛,极为迷人,徽音后来写了一篇幽美的散文《贡纳达之夜》。这篇文章非常重要，可惜至今还没有找到。

7月中在西班牙首都马德里，接到高惜冰电报，请思成、徽音回国后组建东北大学建筑系。8月13日二人回国。思成随即去沈阳任东北大学建筑系专任教授兼系主任。徽音一度返福州探亲，私立福建法政专门学校同人设宴欢迎该校创办人林长民之女回国。这期间又应福州乌石山第一中学之请，讲演《建筑与文学》，应仓前山英华中学之请，讲演《园林建筑》。随后到东北大学任教授，成为我国第一位女建筑师、第一位女教授。在东北大学先后教过建筑设计、美术、雕饰史和专业英语等课程，深受好评和学生们的爱戴。

11月梁启超病重住院，思成与徽音赶回北平。12月10日金岳霖为徐志摩召集新旧侣友欢宴。晚上丁在君邀请张彭春及思成夫妇赴便宴。

· 1928年3月，思成与徽音在加拿大渥太华结婚，徽音穿了由她自己设计的带有东方色彩的结婚礼服

·1928年4月,林徽音、梁思成在罗马参观西方建筑

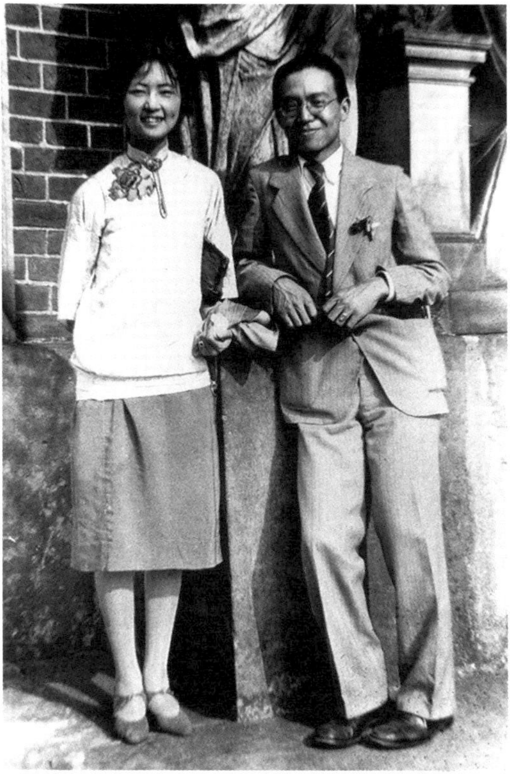

26

1929 年

1月19日，梁启超病逝于协和医院，终年五十七岁。思成、徽音料理丧事，并为其设计墓碑。

8月，徽音从沈阳回到北平，在协和医院生下女儿，取名再冰，用以纪念祖父饮冰老人的雅号。

是年，张学良兼任东北大学校长，悬赏征求东北大学校徽图案，林徽音设计的"白山黑水"图案被选中。

思成在东北大学从事教学的同时，又与陈植、童寯、蔡方荫等以梁陈童蔡建筑事务所的名义，从事若干设计，徽音协助设计。又协助思成测绘沈阳北陵建筑，据说还为某官员设计了一座小型园林。相传黄旗屯火车站为徽音设计，查不确。

·1929年,张学良悬赏征求东北大学校徽图案,徽音设计的"白山黑水"图案被选中

· 1929年，林徽音、梁思成测绘沈阳北陵，开始研究古建筑，其时还未加入营造学社

27

1930年

1月，朱启钤组织中国营造学社，思成、徽音为第一批社员，列名为"参校"。徽音为学社唯一女社员。

3月，东北大学工学院与理学院合并，由于派系斗争，并院后对建筑系支持不力，无法工作，思成愤然辞职。理工学院孙院长派人请回，保证支持，改善教学条件，思成复职并讲话，学生极为感动。

是年与梁思成、陈植、童寯合作设计吉林大学建筑组群，又与思成合作设计锦州交通大学建筑组群。

28

1931 年

《笑》

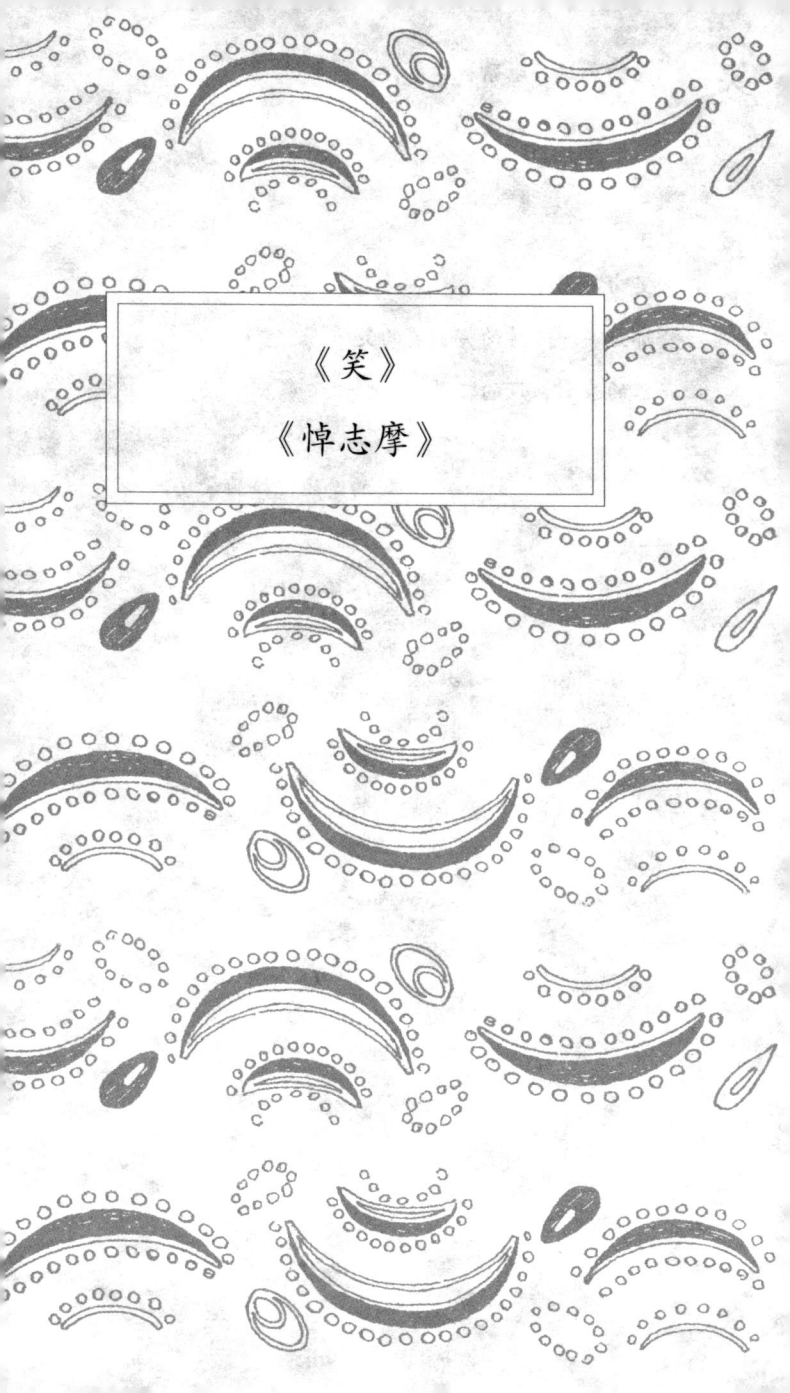

《悼志摩》

笑

笑的是她的眼睛，口唇，

和唇边浑圆的漩涡。

艳丽如同露珠，

朵朵的笑向

贝齿的闪光里躲。

那是笑——神的笑，美的笑；

水的映影，风的轻歌。

      笑的是她惺松的鬈发，

      散乱的挨着她耳朵。

      轻软如同花影，

      痒痒的甜蜜

      涌进了你的心窝。

      那是笑——诗的笑，画的笑：

      云的留痕，浪的柔波。

悼志摩

（节选）

我初次遇到他，也就是他初次认识到影响他迁学的狄更生先生。不用说他和我父亲最谈得来，虽然他们年岁上差别不算少，一见面之后便互相引为知己。他到康桥之后由狄更生介绍进了皇家学院，当时和他同学的有我姊丈温君源宁。一直到最近两月中源宁还常在说他当时的许多笑话，虽然说是笑话，那也是他对志摩最早的一个惊异的印象。志摩认真的诗情，绝不含有丝毫矫伪，他那种痴，那种孩子似的天真实能令人惊讶。源宁说，有一天他在校舍里读书，外边下了倾盆大雨——惟是英伦那样的岛国才有的狂雨——忽然他听到有人猛敲他的房门，外边跳进一个被雨水淋得全湿的客人。不用说他便是志摩，一进门一把扯着源宁向外跑，说快来我们到桥上去等着。这一来把源宁怔住了，他问志摩等什么在这大雨里。志摩睁大了眼睛，孩子似的高兴地说"看雨后的虹去"。源宁不止说他不去，并且劝志摩趁早将湿透的衣服换下，再穿上雨衣出去，英国的湿气岂是儿戏，志摩不等他说完，一溜烟地自己跑了！

以后我好奇地曾问过志摩这故事的真确，他笑着点头承认这全段故事的真实。我问：那么下文呢，你立在桥上等了多久，并且看到虹了没有？他说记不清，但是他居然看到了虹。我诧异地打断他对那虹的描写，问他：怎么他便知道，准会有虹的。他得意地笑答我说："完全诗意的信仰！"

1月20日,《诗刊》创刊号问世,徐志摩、闻一多、饶孟侃主编,以诗会友,继承北京《晨报副刊·诗镌》的精神。

寒假期间,思成、徽音回北平,与梁思永夫妇同住东直门。2月中,徽音陪人到协和医院,被自己的大夫拉去检验,确诊为肺病,"已深到危险地步",只有立即停止劳动,到山上静养,孩子、丈夫、朋友、书,一切隔绝。思成和朋友都极为发愁,徽音舍不得孩子,大夫又绝对不让。情状十分可怜,徐志摩发出"人生到此天道宁论"的喟叹。3月,徽音到香山养病,借住熊希龄的双清别墅。3月7日,徐志摩致陆小曼信,说这次与徽音相见,因外有浮言,格外谨慎。如今徽音偕母挈子,远在香山,音信隔绝,至多等天好时与老金(金岳霖)、张奚若等去看她一次。5月15日,徐志摩与张歆海夫妇、张奚若夫妇到香山看望徽音。6月12日,徐志摩、罗隆基会同沈从文、凌叔华到香山看望慰问。

香山养病期间,徽音情绪纷纭联翩,这一年先后写有数篇诗作。4月20日在《诗刊》第二期上发表诗《"谁爱这不息的变幻"》,并用旧笔名"尺棰"在同期《诗刊》上发表诗作《仍然》和《那一晚》。接着又在《诗刊》第三期上发表《笑》《情愿》《深夜里听到乐声》《一首桃花》等诗作。5月写成诗作《激昂》,发表在丁玲主编的《北斗》创刊号上。6月写成第一篇短篇小说《窘》,刊载在《新月》第三卷第九期上。这一年是徽音文学创作第一个丰收之年,她的诗作一发表,就引起很大反响,《诗刊》第三期"叙言"上说:"林徽音、陈梦家、卞之琳的抒情诗各施展清新的韵味。"

是年9月,陈梦家主编的《新月诗选》已收进刚发表不久的《笑》、《情愿》、《深夜里听到乐声》和《一首桃花》四首诗。《笑》一诗一直被公认是一首难得的好诗,"那是笑——神的笑,美的笑/云的留痕,浪的柔波"久久被人传诵。后来闻一多的《新诗选》也选了徽音早期的诗。她的第一篇小说《窘》也引起人们的注意,小说中第一次涉及"代沟"的问题。

5月,《诗刊》第三期上发表卞之琳一些诗作和译诗,徽音同期发表《一首桃花》，因为同在《诗刊》上发表新诗，徽音邀请了当时尚不相识的后起青年诗人卞之琳到自己家里会面，从此结成终生友谊。

6月，思成接受朱启钤之聘回到北平，担任中国营造学社研究部主任，开始工作，后为法式部主任。6月25日梁家又在北总布胡同3号定居。徽音在营造学社先任参校，后任校理，既是营造学社唯一女社员，又是唯一担任实际工作的女职员。此后多次参加营造学社组织的中国古代建筑实地调查工作，与梁思成合写调查报告多篇，还帮助思成干了许多"力气活"，把帮助丈夫事业成功放在第一位，人们称赞她是"无名英雄"。同时还单独写了一些建筑论文和文章。徽音写的文章用诗人的眼光和文学家的语言，乃别开生面。中国建筑史学科由梁思成奠定创立，垦荒开辟，经常到野外调查测绘，工作十分艰苦。《庄子》云："登高履险者胥靡之人也，坐不垂堂者千金之子也。"徽音出身名门，又是千金闺秀，还是多病羸弱之身，却能和男人工匠一样登高履险，爬梁上房，她的要强和毅力惊人，今世仅有。

7月7日，徐志摩陪思成等人去香山看徽音，回到胡适家里，作诗《你去》。金岳霖看见，称赞是好诗。徐志摩并有一信致徽音，还怕思成着凉，保荐他喝一大碗姜糖汤。

7月30日，谢冰心写了《我劝你》一诗，渲染浮言，伤人感情，9月20日在《北斗》创刊号上发表，造成两家不快，不再说话。丁玲（署名T·L）也跟着发表一诗，说些怪话。冰心后来又发表了《我们太太的客厅》。

8月15日出版的南京《文艺月刊》第二卷第八期发表为沈从文小说《神巫之爱》所绘插图《祈福》，副题《神巫之爱之一幕》，署名梁林徽音。

10月，自香山回到城里寓所。10月8日，徐志摩与袁守和、温源宁在北平图书馆大请客，思成、徽音夫妇和一大群名人出席。

11月10日，徽音与徐志摩等人一道参加欢迎为太平洋

·徽音为沈从文小说《神巫之爱》所作插图

会议来的柏雷博士的茶会,柏雷为曼斯菲尔德的姐夫。11月11日,徐志摩离北平南下,徽音致函胡适,说志摩走时嘱购绣货赠柏雷夫妇,请胡适带去。

11月19日,徽音在协和小礼堂用英语为驻华使节讲中国古代建筑艺术。徐志摩为来听徽音这一重要学术演讲,从南京乘载货飞机北上,因雨雾飞机误触济南附近党家庄开山,不幸身亡。

11月22日,徽音、思成得悉徐志摩坠亡,即以铁树白花连夜噙泪编制小花圈,寄托哀思。思成与金岳霖、张奚若等赶到济南,在齐鲁大学会同乘夜车赶到的沈从文、闻一多、梁实秋、赵太侔等人,一起到福缘庵处理后事。思成还悄悄捡起飞机残骸的一小块木板,放进提包,那是徽音的再三叮嘱。济南一行回来后,由徽音、思成主持,为徐志摩举行追悼会。12月7日,《北平晨报》出哀悼志摩专号,徽音写的《悼志摩》,刊载在头条位置上。

·1931年，梁思成、林徽音在北平

29

1932 年

《论中国建筑之几个特征》

《平郊建筑杂录》

论中国建筑之几个特征

(节选)

中国建筑为东方最显著的独立系统；渊源深远，而演进程序简纯，历代继承，线索不紊，而基本结构上又绝未因受外来影响致激起复杂变化者。不止在东方三大系建筑之中，较其它两系——印度及阿拉伯（回教建筑）——享寿特长，通行地面特广，而艺术又独臻于最高成熟点。即在世界东西各建筑派系中，相较起来，也是个极特殊的直贯系统。大凡一例建筑，经过悠长的历史，多参杂外来影响，而在结构，布置乃至外观上，常发生根本变化，或循地埋推广迁移，因致渐改旧制，顿易材料外观，待达到全盛时期，则多已脱离原始胎形，另具格式。独有中国建筑经历极长久之时间，流布甚广大的地面，而在其最盛期中或在其后代繁衍期中，诸重要建筑物，均始终不脱其原始面目，保存其固有主要结构部分，及布置规模，虽则同时在艺术工程方面，又皆无可置议的进化至极高程度。更可异的是：产生这建筑的民族的历史却并不简单，且并不缺乏种种宗教上，思想上，政治组织上的叠出变化；更曾经多次与强盛的外族或在思想上和平的接触（如印度佛教之传入），或在实际利害关系上发生冲突战斗。

这结构简单，布置平整的中国建筑初形，会如此的泰然，享受几千年繁衍的直系子嗣，自成一个最特殊，最体面的建筑大族，实是一桩极值得研究的现象。

平郊建筑杂录
(节选)

北平四郊近二三百年间建筑遗物极多,偶尔郊游,触目都是饶有趣味的古建。其中辽金元古物虽然也有,但是大部分还是明清的遗构;有的是显赫的"名胜",有的是消沉的"痕迹";有的按期受成群的世界游历团的赞扬,有的只偶尔受诗人们的凭吊,或画家的欣赏。

这些美的所在,在建筑审美者的眼里,都能引起特异的感觉,在"诗意"和"画意"之外,还使他感到一种"建筑意"的愉快。这也许是个狂妄的说法——但是,什么叫作"建筑意"?我们很可以找出一个比较近理的定义或解释来。

顽石会不会点头,我们不敢有所争辩,那问题怕要牵涉到物理学家,但经过大匠之手泽,年代之磋磨,有一些石头的确是会蕴含生气的。天然的材料经人的聪明建造,再受时间的洗礼,成美术与历史地理之和,使它不能不引起赏鉴者一种特殊的性灵的融会,神志的感触,这话或者可以算是说得通。

无论哪一个巍峨的古城楼,或一角倾颓的殿基的灵魂里,无形中都在诉说,乃至于歌唱,时间上漫不可信的变迁;由温雅的儿女佳话,到流血成渠的杀戮。他们所给的"意"的确是"诗"与"画"的。但是建筑师要郑重郑重的声明,那里面还有超出这"诗"、"画"以外的意存在。眼睛在接触人的智力和生活所产生的一个结构,在光影恰恰可人中,和谐的轮廓,披着风露所赐与的层层生动的色彩;潜意识里更有"眼看他起高楼,眼看他楼塌了"凭吊兴衰的感慨;偶然更发现一片,只要一片,极精致的雕纹,一位不知名匠师的手笔，请问那时锐感，即不叫他作"建筑意"，我们也得要临时给他制造个同样狂妄的名词，是不？

建筑审美可不能势利的。大名显赫，尤其是有乾隆御笔碑石来赞扬的，并不一定便是宝贝；不见经传，湮没在人迹罕至的乱草中间的，更不一定不是一位无名英雄。以貌取人或者不可，"以貌取建"却是个好态度。北平近郊可经人以貌取舍的古建筑实不在少数。摄影图录之后，或考证它的来历，或由村老传说中推测他的过往——可以成一个建筑师为古物打抱不平的事业，和比较有意思的夏假消遣。而他的报酬便是那无穷的建筑意的收获。

元旦，致胡适函，交涉凌叔华手中保存的徐志摩"八宝箱"遗稿问题。是日夜，再致胡适，继续交涉和说明徐志摩遗稿英文日记事。胡适同情和支持徽音，凌叔华也不相让。

3月，第一篇建筑学学术论文《论中国建筑之几个特征》，刊载于《中国营造学社汇刊》第三卷第一期，是为我国现代第一篇建筑理论方面的论文。

5月间，致胡适函，说她自己"觉得甚病，不大动得了，后来赶了几日夜两三处工程图案，愈弄得人困马乏"。所说"两三处工程"，今知有仁立地毯公司铺面改造室内外装修及彩画工程一处，为1932年所作，余不详。或传北京大学女生宿舍及地质馆也是本年设计，但无确证。

6月，又住香山双清别墅养病，不少朋友陆续前去看望。

夏，写诗《别丢掉》，10月1日写诗《雨后天》。二诗存置四年，1936年3月15日一同发表于《大公报·文艺副刊》。7月15日写成《莲灯》《中夜钟声》，发表于是年12月《新月》第四卷第七期。

8月，子从诫生，取名是为纪念宋代大建筑学家李明仲。李诚，字明仲，名与字义有连属，北宋文献皆作李诚，后世或误作诫。但是清代以来一般多误认为是李诫。

12月，与思成共同署名的《平郊建筑杂录》刊载于《中国营造学社汇刊》第三卷第四期，这是一篇用文学语言和散文诗一样的笔调写成的建筑考察记。"无论哪一个巍峨的古城楼，或一角倾颓的殿基的灵魂里，无形中都在诉说，乃至于歌唱，时间上漫不可信的变迁。""顽石会不会点头，我们不敢有所争辩……但经过大匠之手泽，年代之蹉磨，有一些石头的确是会蕴含生气的。"徽音认为艺术的本体绝对不是外在的美的形式，而是那形式中含有的撞击人心的力量。平郊建筑的考察唤起了徽音特殊的审美感觉、审美情绪。她在这篇文章中还满怀激情地提出了"建筑意"的概念，把建筑欣赏及建筑评论，升华到建筑美学的高度。"建筑意"的提出一直受到后世的推赏。

是年,结识在北平求学的美国人费正清、费慰梅,此后费正清、费慰梅与思成、徽音结成终生友谊,感情甚深,慰梅与徽音感情尤深。他们帮助费正清夫妇学习中文和中国文化,抗战艰难年代,得费氏夫妇的帮助不少。徽音、思成和正清卒后,费慰梅写成《梁思成与林徽因》一书,还是那样一往情深,书中扉页题词"献给我们的子孙和他们的孩子"。费慰梅还希望这种跨国家庭的友好情谊,一代一代传下去。

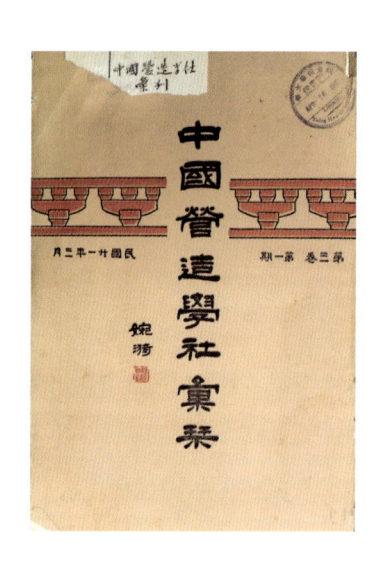

· 1932年3月,《论中国建筑之几个特征》刊载于《中国营造学社汇刊》第三卷第一期

（中国营造学社纪念馆提供）

·1932年，北京仁立地毯公司室内

（中国营造学社纪念馆提供）

30
1933 年

6月,《新月》终刊,出刊第四卷第七号,共四十三期。徐志摩、闻一多、饶孟侃之后,梁实秋、潘光旦、叶公超、罗隆基、胡适、余上沅、邵洵美等先后作过编辑。

9月4日,与梁思成、刘敦桢、莫宗江及一位仆人前往大同,6日到达,考察上、下华严寺,7日赴云冈石窟考察,9日返大同考察善化寺,9日晚徽音返北平。梁、刘、莫等去应县考察佛宫寺木塔。思成写信说:"你走后我们大感工作不灵,大家都用愉快的意思回忆和你各处同作的畅顺,悔惜你走得太早。"

9月23日,天津《大公报·文艺副刊》创刊,徽音在首刊第一期上发表《惟其是脆嫩》,虽然排在第二条位置,仍可看出副刊的重视(头条位置发表岂明《猪鹿狸》,岂明即周作人,为文坛老宿,当时受人敬重,后来才走进昏暗),具有发刊词的性质。文章的宗旨是鼓励创作,呼唤精品,号召大家扶植爱护刊物,她说"文艺绝不是蓬勃丛生的野草"。此后她一直关心和支持这个副刊,每期必读,还常发表一些独到的看法，帮助改进提高。

9月27日，诗《微光》在《大公报·文艺副刊》第二期上发表。"街上没有光，没有灯／店廊上一角挂着有一盏。"写的正是大同。徽音的诗不都是抒发个人情绪感受，描写社会自此始。

10月17日，在《大公报·文艺副刊》上发表长篇建筑散文《闲谈关于古代建筑的一点消息》，描述思成考察应县木塔的前前后后。应县木塔使思成朝思暮想如痴如迷，文章称思成的古建筑考察是作侦探，这一比喻最具妙理，亦最有神趣。

11月1日，与梁思成、莫宗江去正定作补充调查。结束工作后，徽音返回北平，梁、莫到赵县调查赵州桥，致沈从文信说他是"在平汉线边沿吃尘沙"。

11月1日，萧乾第一个短篇小说《蚕》在《大公报·文

《微光》
《闲谈关于古代建筑的一点消息》

微光

街上没有光，没有灯，
店廊上一角挂着有一盏；
他和她把他们一家的运命
含糊的，全数交给这黯淡。

街上没有光，没有灯，
店窗上，斜角，照着有半盏。
合家大小朴实的脑袋，
并排儿，熟睡在土炕上。

外边有雪夜；有泥泞；
沙锅里有不够明日的米粮；
小屋，静守住这微光，
缺乏着生活上需要的各样。

缺的是把干柴，是杯水；麦面……
为这吃的喝的，本说不到信仰，——
生活已然，固定的，单靠气力，
在肩臂上边，来支持那生的胆量。

明天，又明天，又明天……
一切都限定了，谁还说希望，——
即使是做梦，在梦里，闪着，
仍旧是这一粒孤勇的光亮？

街角里有盏灯，有点光，
挂在店廊；照在窗槛；
他和她，把他们一家的运命
明白的，全数交给这凄惨。

二十二年九月

闲谈关于古代建筑的一点消息
(节选)

山西应县的辽代木塔，说来容易，听来似乎也平淡无奇，值不得心多跳一下，眼睛睁大一分。但是西历一○五六年到现在，算起来是整整的八百七十七年。古代完全木构的建筑物高到二百八十五尺，在中国也就剩这一座，独一无二的应县佛宫寺塔了。比这塔更早的木构已经专家看到，加以认识和研究的，在国内的只不过五处而已。

中国建筑的演变史在今日还是个灯谜，将来如果有一天，我们有相当的把握写部建筑史时，那部建筑史也就可以像一部最有趣味的侦探小说，其中主要人物给侦探以相当方便和线索的，左不是那几座现存的最古遗物。现在唐代木构在国内还没找到一个，而宋代所刊营造法式又还有困难不能完全解释的地方，这距唐不久，离宋全盛时代还早的辽代，居然遗留给我们一些顶呱呱的木塔，高阁，佛殿，经藏，帮我们抓住前后许多重要的关键，这在几个研究建筑的死心眼人看来，已是了不起的事了。

我最初对于这应县木塔似乎并没有太多的热心，原因是思成自从知道了有这塔起，对于这塔的关心，几乎超过他自己的日常生活。早晨洗脸的时候，他会说"上应县去不应该是太难吧"，吃饭的时候，他会说"山西都修有顶好的汽车路了"。走路的时候，他会忽然间笑着说，"如果我能够去测绘那应州塔，我想，我一定……"他话常常没有说完，也许因为太严重的事怕语言亵渎了。最难受的一点是他根本还没有看见过这塔的样子，连一张模糊的相片，或翻印都没有见到！

有一天早上，在我们少数信件之中，我发现有一个纸包，寄件人的住址却是山西应县××斋照相馆——这才是侦探小说有趣的一页——原来他想了这么一个方法，写封信"探投山西应县最高等照相馆"，弄到一张应州木塔的相片。我只得笑着说阿弥陀佛，他所倾心的幸而不是电影明星！这照相馆的索价也很新鲜，他们要一点北平的信纸和信笺作酬金，据说因为应县没有南纸店。

时间过去了三年让我们来夸他一句"有志者事竟成"吧，这位思成先生居然在应县木塔前边——何止，竟是上边，下边，里边，外边——绕着测绘他素仰的木塔了。

艺副刊》上发表。徽音赏识作者的才力，喜欢这篇小说。小说以福州为背景，使她尤感亲切，遂致函沈从文，邀请萧乾星期六到她家中会面吃茶。11日会见萧乾，是日晚，思成自赵县回到家中。萧乾后来回忆说，《蚕》发表后他"受到一个人的鼓励"："我很感激这个人，她就是林徽音。"又说"那次茶会就像在刚起步的马驹子后腿上，亲切地抽了那么一鞭"。萧乾敬重徽音如恩师。

11月初写出《秋天，这秋天》，11月18日在《大公报·文艺副刊》上发表。致沈从文函说的"听听风，知道枫叶又凋零得不堪只想哭，昨天哭出的几行勉强叫它做诗"，即是此诗。函中还说有关于云冈的现状是她正在写的一个短篇。

12月，与梁思成、刘敦桢合写的《云冈石窟中所表现的北魏建筑》在《中国营造学社汇刊》第四卷第三、四期合刊上发表。

· 1933年与梁思成、刘敦桢等赴云冈考察途中。左起莫宗江、林徽音、刘敦桢。照片为梁思成摄（中国营造学社纪念馆提供）

·山西应县木塔

·1933年，梁思成等再赴正定考察，林徽音在开元寺钟楼梁架上

·林徽音、梁思成与费慰梅在北平

（中国营造学社纪念馆提供）

31

1934 年

1月，梁思成撰成我国古代建筑的重要工具书《清式营造则例》，徽音为该书撰写第一章《绪论》，并帮助作全书的校核补充。6月，该书由中国营造学社初版发行，盒装，京城印书局印行。此书1941年再版，图版部分20世纪50年代初又曾在清华大学单独印行。

李健吾的论文《包法利夫人》在郑振铎、巴金、靳以主编的《文学月刊》上发表，引起文艺界的注意。徽音写一封长信，约这位未晤面的青年作家，到她家面谈，给予热情的鼓励，与李健吾亦结成终生友谊。徽音喜欢奖掖后进，对卞之琳、萧乾和李健吾，都是谊兼师友，亲如姊弟。

2月21日，《大公报·文艺副刊》发表《年关》一诗。

5月1日，《学文》月刊创刊，叶公超主编，只出了三期。《学文》的取名，引用《论语·学而》"行有余力，则以学文"的典，表示业余性质，又像是和当时著名的《文学月刊》唱对台戏。徽音应邀为设计封面，用汉代画像石建筑和人物图案，气势恢宏典雅，寓意亦深。

在《学文》第一卷第一期上发表短篇小说《九十九度中》，李健吾当时评论称是民国二十三年好些短篇小说杰作之中的"最优美的收获"。卞之琳近年回忆，称是我国较早和最好的意识流小说。同刊同期发表诗作《你是人间的四月天》，是她最好的诗作之一，如副题所示，"人间的四月天"是一句"爱"的赞颂，是一个最美丽的借喻。

· 1934年《学文》创刊，徽音应邀设计封面
（中国营造学社纪念馆提供）

《你是人间的四月天》

《山西通信》

你是人间的四月天

——一句爱的赞颂

我说你是人间的四月天；
笑响点亮了四面风；轻灵
在春的光艳中交舞着变。

你是四月早天里的云烟，
黄昏吹着风的软，星子在
无意中闪，细雨点洒在花前。

那轻，那娉婷，你是，鲜妍
百花的冠冕你戴着，你是
天真，庄严，你是夜夜的月圆。

雪化后那片鹅黄，你像；新鲜
初放芽的绿，你是；柔嫩喜悦
水光浮动着你梦期待中白莲。

你是一树一树的花开，是燕
在梁间呢喃，——你是爱，是暖，
是希望，你是人间的四月天！

山西
通信
(节选)

居然到了山西,天是透明的蓝,白云更流动得使人可以忘记很多的事,单单在一点什么感情底下,打滴溜转;更不用说到那山山水水,小堡垒,村落,反映着夕阳的一角庙,一座塔!景物是美得到处使人心慌心痛。

我是没有出过门的,没有动身之前不容易动,走出来之后却就不知道如何流落才好。旬日来眼看去的都是图画,日子都是可以歌唱的古事。黑夜里在山场里看河南来到山西的匠人,围住一个大红炉子打铁,火花和铿锵的声响,散到四团黑影里去。微月中步行寻到田垄废庙,划一根"取灯"偷偷照看那瞭望观音的脸，一片平静。几百年来，没有动过感情的，在那一闪光底下，倒像挂上一缕笑意。

  我们因为探访古迹走了许多路；在种种情形之下感慨到古今兴废。在草丛里读碑碣，在砖堆中间偶然碰到菩萨的一双手一个微笑，都是可以激动起一些不平常的感觉来的。乡村的各种浪漫的位置，秀丽天真；中间人物维持着老老实实的鲜艳颜色，老的扶着拐杖，小的赤着胸背，沿路上点缀的，尽是他们明亮的眼睛和笑脸。由北平城里来的我们，东看看，西走走，夕阳背在背上，真和掉在另一个世界里一样！云块，天，和我们之间似乎失掉了一切障碍。我乐时就高兴的笑，笑声一直散到对河对山，说不定哪一个林子，哪一个村落里去！我感觉到一种平坦，竟许是辽阔，和地面恰恰平行着舒展开来，感觉的最边沿的边沿，和大地的边沿，永远赛着向前伸……

  ……

  娘娘庙前面树荫底下，你又能阻止谁来看热闹？

教书先生出来了，军队里兵卒拉着马过来了，几个女人娇羞的手拉着手，也扭着来站在一边了，小孩子争着挤，看我们照相，拉皮尺量平面，教书先生帮忙我们拓碑文。说起来这个那个庙，都是年代可多了，什么时候盖的，谁也说不清了！说话之人来得太多，我们工作实在发生困难了，可是我们大家都顶高兴的，小孩子一边抱着饭碗吃饭，一边睁着大眼看，一点子也不松懈。

　　我们走时总是一村子的人来送的，儿媳妇指着说给老婆婆听，小孩们跑着还要跟上一段路。开栅镇，小相村，大相村，哪一处不是一样的热闹，看到北齐天保三年造像碑，我们不小心的，漏出一个惊异的叫喊，他们乡里弯着背的，老点儿的人，就也露出一个得意的微笑，知道他们村里的宝贝，居然吓着这古怪的来客了。"年代多了吧？"他们骄傲的问。"多了多了。"我们高兴的回答，"差不多一千四百年了。""呀，一千四百年！"我们便一齐骄傲起来。

夏，徽音与思成诚邀美国友人费正清、费慰梅夫妇到北戴河度假，费氏夫妇邀他们去汾阳峪道河避暑。营造学社原来有该年秋天考察赵城等地古建筑的计划，遂同意到山西度假，并作晋汾考察旅行。先住在汾阳峪道河一座旧磨房里，徽音利用初到休息和准备出游的几天时间，写出散文《窗子以外》，9月5日在《大公报·文艺副刊》上发表，深受好评，后选入西南联大编的国文课本。20世纪80年代，卞之琳又为专文介绍颇作好评。

8月25日，书信体散文《山西通信》在《大公报·文艺副刊》上发表。文章以活泼的笔调写出晋汾考察的一些小插曲，极为动人。

秋，在燕京大学讲演《中国的塔》，侯仁之晚年记忆犹新。

11月，与思成应浙江省建设厅厅长之邀前往杭州商讨六和塔重修计划，并往浙江宣平陶村调查延福寺，鉴定为元代建筑，又在金华天宁寺发现元代大殿。归途在吴县甪直镇调查保圣寺大殿及相传为杨惠之所作的泥塑罗汉，过南京梁忠武王墓石刻，往栖霞寺考察五代石塔。自宣平归途乘火车停靠徐志摩故乡硖石车站，情绪纷纭，促使徽音再次撰写纪念徐志摩的文章。

是年与思成一起设计北京大学地质馆和女生宿舍。地质馆5月15日奠基，1935年建成。一般认为女生宿舍也是本年设计，次年奠基开工。

是年，梁、林的业绩和文章引起国际上的注意。美国普林斯顿大学艺术系主任乔治·劳利教授来访，梁氏夫妇给他的印象极深。

31 ·诗意的对话。1934年夏,林徽音考察山西古建筑于汾阳小相村灵岩寺

(中国营造学社纪念馆提供)

・1934年夏，林徽音、梁思成、费正清、费慰梅赴山西赵城考察古建筑途中

（中国营造学社纪念馆提供）

·1934年，林徽音在山西民居窑洞屋顶上

· 原北京大学女生宿舍立面设计图和建成后外观
（中国营造学社纪念馆提供）

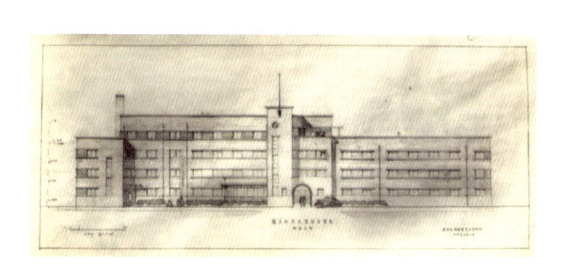

山西通信

徽音

××××：

既然到了山西，天是透明的藍，白雲更閒得使人可忘掉一切事！單單在一點半整齊情調下，打滴滴嗒⋯⋯更不用說到那山光水色，小堡壘！村落！夕陽斜映着一角樓！斑駁的美得很的廟塔！這使人心憎。

我出來之後卻始終不知道何處落腳何日始來胭脂，在山西境幾乎天天有小小旅行，汾陽，峪道河，太原，文水，介休，靈石，霍縣趙城來到山西的正中，雖然是短短五個禮拜。真是快樂到一個高點。我在山西看到河南來到山西的匠人，國住一團，大打建築月餅他們那邊有同樣方式，散席一頓蝎子打鹵麵，喝酒，火花和嬉鬧的聲響，覺得四周山疊，月光銀色，感動得⋯⋯。

我們因爲探訪古建走了許多路；在鄉村裏行旅，日子豈只無聊不愜意，精神上眞是說不出地暢快，滿足到起誇大狂。今年的夏在古中國的大建築附近，悶熱得到田陶醉忘記一切⋯⋯。

下了騾車，中間又換騾馱轎，坐上騾馱轎又下了騾馱轎。一路手幾次不夠用。一到一個地方有古建築可看，我的渾身關節全跳舞，大概是喜悅的表現！

偶然遇到有興趣的一幕一事，歡喜到狂妄得直像做了一陣快樂的夢。

秀麗的，中間人物搭配得適當不得了，在柵欄裏老的小的赤銅色白茸乳的牛羣如此的位置，老的抱着小的紅柳色的狗兒爬行，緊叉着手或睡熟張着嘴的小二哥，坐小矮凳上紡紗的村姑⋯⋯那樣生動，那樣感人到另一個世界裏看看，一西一定之夕陽一閃青閃紫，是他們的肌膚背和笑臉⋯⋯我們，一個車夫看見一個，說：「城隍廟、塔」，和我們之間坐地挾手上挨着一點微笑着的天，口鼻雜成時帶高興，我一直說到隨林去了。說到黃昏，說不定那是我覺得到一個甚至好像我覺得到一個甚至於山西大半個村落落下子的林子！和西陶給你們許許多多到一陣牙活，和大地的香氣，永遠看着同你伸⋯⋯

32

1935 年

《由天宁寺谈到建筑年代之鉴别问题》

《纪念志摩去世四周年》

由天宁寺谈到建筑年代之鉴别问题
(节选)

　　北平广安门外天宁寺塔的研究,已在我们《平郊建筑杂录》的初稿中静睡了年余,一年来,我们在内地各处跑了些路,反倒和北平生疏了许多。近郊虽近,在我们心里却像远了一些,许多地方竟未再去图影实测。于是一年半前所关怀的平郊胜迹,那许多美丽的塔影,城角,小楼,残碣全都淡淡的,委曲的在角落里初稿中尽睡着下去。

　　前几天《大公报》上(本市副刊版)有篇《天宁寺写生记》,白纸上印着黑的大字"隋朝古塔至今巍然矗立,浮雕精妙纯为唐人作风"这样赫然惊人的标题一连登了三日，我们不会描写我们当日所受的感觉是如何的，反正在天宁寺底下有那么大字的隋唐的标题，那么武断大意的鉴定（显然误于康熙乾隆浪漫的碑文），在我们神经上的影响，颇像根针刺，煞是不好受。

具体点讲，我们想到国内爱好美术古迹的人日渐增加，爱慕北平名胜者更不知凡几，读到此种登载，或从此刻入印象中一巍然燕郊隋塔，访古寻胜，传说远近势必影响及国人美术常识，殊觉可憾。不客气点，或者可说心里起了类似良心上责任问题，感到要写篇我们关于如何鉴定天宁寺塔的文字，供研究者之参考。

不过这不是说，我们关于天宁寺塔建造的年代，有一个单独的，秘密的铁证在手里。却正是说我们关于这塔的传说，及其近代碑记，有极大疑问，所以向着塔的本身要证据。塔既不会动，他的年代证据，如同其他所有古建一样，又都明显的放在他的全身上下，只要有人做过实物比较工作的，肯将这一切逐件指点出来，多面的引证反证，谁也可以明白这塔之绝不能为隋代物。

国内隋唐遗建，纯木者尚未得见，砖石者亦大罕贵，但因其为佛教全盛时代，常大规模的遗留图画雕刻教迹于各处如敦煌云冈龙门等等，其艺术作风，建筑规模，或花纹手法，则又为研究美术者所熟审。宋辽以后遗物虽有不载朝代年月的，可考者终是较多，且同时代，同式样，同一作风的遗物亦较繁伙，互相印证比较容易，故前人泥于可疑的文献，相传某物为某代原物的，今日均不难以实物比较方法，用科学考据态度，重新探讨，辩证其确实时代。这本为今日治史及考古者最重要亦最有趣的工作。

……

我们希望"从事美术"的同志们对于史料之选择及鉴别，须十分慎重，对于实物制度作风之认识尤绝不可少，单凭一座乾隆碑追述往事，便认为确实史料，则未免太不认真，以前的皇帝考古家尽可以自由浪漫的记述，在民国二十年以后一个老百姓美术家说句话都得负得起责任的。除非我们根本放弃做现代国家的国民的权利。

　　最后我们要向天宁寺塔赔罪，因为辩证它的建造年代，我们竟不及提到塔之现状，其美丽处，如其隆重的权衡，淳和的色斑，及其它细部上许多意外的美点，不过无论如何天宁寺塔也绝不会因其建造时代之被证实，而减损其本身任何的价值的。喜欢写生者只要不以隋代古建唐人作风目之，此塔则仍是可写生的极好题材。

纪念志摩去世四周年

(节选)

今天是你走脱这世界的四周年!朋友,我们这次拿什么来纪念你?前两次的用香花感伤地围上你的照片,抑住嗓子底下叹息和悲哽,朋友和朋友无聊地对望着,完成一种纪念的形式,俨然是愚蠢的失败。因为那时那种近于伤感,而又不够宗教庄严的举动,除却点明了你和我们中间的距离,生和死的间隔外,实在没有别的成效;几乎完全不能达到任何真实纪念的意义。

去年今日我意外地由浙南路过你的家乡,在昏沉的夜色里我独立火车门外,凝望着那幽暗的站台,默默地回忆许多不相连续的过往残片,直到生和死间居然幻成一片模糊，人生和火车似的蜿蜒一串疑问在苍茫间奔驰。我想起你的：

> 火车禽住轨，在黑夜里奔
> 过山，过水，过……

如果那时候我的眼泪曾不自主地溢出睫外，我知道你定会原谅我的。你应当相信我不会向悲哀投降，什么时候我都相信倔强的忠于生的，即使人生如你底下所说：

> 就凭那精窄的两道，算是轨，
> 驮着这份重，梦一般的累坠！

就在那时候我记得火车慢慢地由站台拖出，一程一程地前进，我也随着酸怆的诗意，那"车的呻吟"，"过荒野，过池塘，……过喋口的村庄"。到了第二站——我的一半家乡。

年初，为避免与上海一位男性多产无聊写家林微音名字相混，甘冒不孝的罪名，忍痛改名徽因。《中国营造学社汇刊》第五卷第二期（1934年12月）的社员名单仍署林徽音，第五卷第三期（1935年3月）列名已改为林徽因。1931年4月，《诗刊》第二期上发表《"谁爱这不息的变幻"》，署名排字误作薇音，目录上误作林薇音，随即在第三期的《诗刊·叙言》上作了郑重的订正。1933年7月林微音发表《微音顿首》之二《名字的纠葛》，专门挑起两人名字的话题，嬉皮笑脸油腔滑调地说了一堆不三不四的话。林微音的文笔格调不高，据说徽因读到他一篇什么文章，叫道："哦，我的妈！"这个林微音曾化名陈代与鲁迅论战，还曾作过广州新月社的经理。徽因担心名字的误混辱没自己的清名和优雅，不愿招来更多的纠葛，更讨厌那个人的无理纠缠，才不得不改名。徽音的名字是父亲所赐，她非常喜欢。

2月，思成到曲阜勘察孔庙作修葺计划，这时徽因肺病又犯了。大夫要她卧床休息三年，她坚持要求休息六个月，请一位训练有素的护士搬到她家来住，她可以和家人在一起，并且不停止一些工作。

3月,《晋汾古建筑预查纪略》在《中国营造学社汇刊》第五卷第三期上发表,署名林徽因、梁思成。3月23日,《由天宁寺谈到建筑年代之鉴别问题》在天津《大公报·艺术周刊》上发表,署名林徽因、梁思成。文章占整版篇幅,附照片十帧。徽因一再强调"精确断代",文中对于一位画家武断大意地称天宁寺塔作"隋朝古塔",作了严正坦率的批评。

5月1日,徽因与思成设计的北京大学女生宿舍奠基开工,同年建成。女生宿舍灰楼采用现代建筑形式,是我国早期的一个现代主义建筑的成功之作,现列为北京市市级文物保护单位。设计采用不对称的布局,造型简洁,比例匀称。徽因心细,考虑女生手小,楼梯扶手比一般细小,体贴入微,备受称赞。此外北大物理楼、图书馆亦同年开工,是否思成、徽因同一批设计,更待进一步考证。当时北大校长蒋梦麟为梁、林的旧友,颇敬重二人的才华。

年轻有为的诗人方玮德病逝,6月1日南京出版的《文艺月刊》第七卷第六期刊出纪念专号,徽因发表动情的长诗《吊玮德》。

6月,《中国营造学社汇刊》第五卷第四期刊载林徽因、梁思成的《平郊建筑杂录》续篇,是为《大公报》上所发的《由天宁寺谈到建筑年代之鉴别问题》的转载。

6月16日,《大公报·文艺副刊》发表短篇小说《模影零篇》之一《钟绿》,8月11日发表《模影零篇》之二《吉公》。金岳霖称赞《吉公》有节奏地展开一个接一个的美丽情节,直到高潮到来并沉入某种遥远和崇高的境界之中。这篇小说也是六个月隐居休养即将结束的暗示。

是年春,梁思成和刘敦桢等曾在天坛考察维修工程。有一张徽因与思成在天坛祈年殿屋顶上的照片,可能为本年夏天所摄,好像病后刚恢复。

7月,萧乾去天津《大公报》。7月31日,《大公报·小公园》副刊开始采用徽因与思成设计的刊头图案。虽然是一幅不大的刊头图案,设计却极为用心,花了三天时间。萧乾非常高兴,专门写了《关于图案》的按语,予以赞扬。此前《大公报·小公园》刊头用的是画家司徒乔的北海白塔,徽因、思成的图案是代表"纯粹中国创造艺术的最高造诣"的汉代雕饰样式。这一图案自 7 月 29 日至 8 月 4 日连用七天,再用司徒乔图案。8 月 11 日至 17 日又连用七天,8 月 25 日至 31 再连用七天,到 9 月 1 日改刊,共用了二十一天。

11 月 21 日,《大公报》被日本人下令停刊,日本人办起《亚洲民报》。徽因得知后写信给沈从文,对日本人的行径表示极大的愤慨。

12 月 7 日、8 日两日,南开校友会为冬赈筹款,在南开中学瑞庭礼堂公演根据 17 世纪法国喜剧家莫里哀《悭吝人》改编的话剧《财狂》,由张彭春导演,万家宝(曹禺)主演,特请徽因作舞台美术设计。徽因运用写实主义的手法,采用立体布景,充分使用灯光不落幕,以灯光的渐入渐出代替幕帷,灯光打出天空颜色不仅有时间的差别,还配合剧情发展,收到引领观众注意舞台之效。这些做法都是戏剧演出史上的创举,引起社会轰动和一致好评。为了表现韩伯康的守财奴性格,演出之前又将布景中的建筑和家具全部做旧。12 月 15 日《财狂》又加演一场,演出三场,场场爆满。

12月8日，《大公报·文艺副刊》刊出徽因《纪念志摩去世四周年》。

12月9日，北平学生爆发"一二·九"反对日本帝国主义的游行示威，惨遭镇压。徽因家里成了两位小姑和她们同学进城游行的接待站和避难所。

12月16日，"一二·一六"学生游行，一位小姑的朋友被大刀队砍伤，逃到徽因家里包扎急救，不久另一位小姑、在燕大读书的学生领袖梁思懿上了黑名单，徽因、思成将她打扮成少奶奶，护送上开往汉口的火车，约定平安到达即发来电报以为暗号，一家焦急地等了三天，终于接到一个"恭贺弄璋之喜"的电报，不禁大笑，儿子从诫此时已经三周岁了。

是年，同父异母弟弟林恒来北平读书，住在徽因家里，母亲心里不能平衡，很不高兴，徽因夹在当中。"二·九"学生运动，林恒被毒打，一度失踪。

是年，徽因应国立北平大学女子文理学院外语系之聘，讲授"英国文学",深受学生欢迎。

是年,因养病未能随思成外出调查古建筑。养病期间极力捕捉构成她许多当前情绪的那些消逝的梦想、感情和见解。散文《一片阳光》描写一种情绪的旅行,追忆六岁时候欣赏阳光的情绪,"时间经过二十多年"。文章开头说"放了假,春初的日子松弛起来"。即指春天生病休假,因可考知为本年春初所作,后来到1946年才发表。

是年,日本帝国主义的侵华野心已暴露明显,时局日益紧张。思成、徽因感到时间紧迫,要赶在侵略者大举入侵以前,把华北地区的古建筑全部调查完毕,唯恐一旦战争爆发,这些民族文化遗产的精华,在敌人的炮火中化为灰烬。思成说,我们能在华北工作的日子已经不多了,在我们被阻止这样做之前,我们决定要在这个地区全力以赴。

是年,因为日军大举入侵在即,徽因、思成一家曾收拾行装,准备内迁。

· 1935年夏,天坛修缮时徽因、思成在祈年殿屋顶上
（中国营造学社纪念馆提供）

·1935年，徽因与思成设计的天津《大公报·小公园》副刊刊头画的第一次刊登，用汉代雕刻图样，萧乾誉为"典雅的'犄角'"

32 ·《财狂》公演时特请徽因作舞台设计，轰动一时

《财狂》第三幕，舞台设计林徽因（1935）

《财狂》演出剧照，万家宝（曹禺）饰韩伯康（中坐者）

33

1936 年

新年，作散文《蛛丝和梅花》。2月2日在《大公报·文艺副刊》上发表，末署"新年漫记"。

1月5日，《大公报·文艺副刊》发表诗《深笑》。2月14日该刊又发表诗《风筝》。

3月1日，《大公报·文艺副刊》发表徽因为《大公报》出版小说选而写的《〈文艺丛刊〉小说选·题记》。《大公报》的《〈文艺丛刊〉小说选》请徽因负责编选，共选出沈从文、张天翼、杨振声、李健吾、老舍、沙汀、芦焚、凌叔华、蹇先艾、萧乾等二十四位作家的三十篇作品。请徽因为编当代小说选，表明她在当时的文坛已有举足轻重的地位。徽因自己的《钟绿》和《吉公》也选入集中。8月，又为《大公报》编排了《〈文艺丛刊〉小说选》的发行公告。此书最为畅销，初版半月内即行售罄。

3月15日，《大公报·文艺副刊》发表《别丢掉》《雨后天》，二诗作于1932年。22日同刊又发表诗《记忆》。

年初，沈从文陷入感情纠葛，到徽因那里寻求宽慰。她像老大姐和心理医生一样，一再给沈从文写信谈心开导，耐心地给他讲人生的意义、人性的重要和情感的体验，后来给费慰梅写信还谈起了这件事情。

4月，上海博物馆举办中国建筑展览会，思成出席并作讲演。这时美国建筑学家和城市规划学家克拉伦斯·斯坦因和他迷人的夫人著名女演员爱琳娜·麦克马洪来到北平专访思成、徽因，徽因陪他们到颐和园去并在后山赏花，登上了景福阁，游览了谐趣园。次年发表的《去春》一诗说"不过是去年的春天，花香，／红白的相间着一条小曲径"，"人去时，孔雀绿的园门，白丁香花，／相伴着动人的细致"，就是追写这时的情思。

4月12日，《大公报·文艺副刊》发表《静院》一诗。

5月3日，《大公报·文艺副刊》发表《无题》，17日发表《题剔空菩提叶》。

5月，徽因率营造学社助理刘致平和研究生麦俨曾测绘北海静心斋。

5月28日，与思成抵洛阳，会同刘敦桢等考察龙门石窟，工作四天。徽因记录佛像及雕饰，梁思成、刘敦桢记录建筑特征和编号，陈明达摄影。结束龙门调查之后，徽因与思成到开封调查铁塔、繁塔和龙亭。之后又去济南会同麦俨曾，自济南赴山东历城、章丘、临淄、益都、潍县、长清、泰安、滋阳、济宁、邹县、滕县等十一个县。古建筑多在穷乡僻壤，不少地方还得步行。调查虽然艰苦，却也活跃了生命和思想，这期间写了不少诗作。

注明是1936年夏天写作的诗篇有《昼梦》《八月的忧愁》《冥思》，载在《大公报·文艺副刊》8月13日、9月30日和12月13日。组诗《空想（外四章）》中的《藤花前》，副题作"独过静心斋"，是夏天测绘静心斋时所作；《旅途中》尾注"暑中在山东乡间步行 二十五年夏"，是夏天在山东乡间调查古建筑时所作。《黄昏过泰山》刊载在7

月19日《大公报·文艺副刊》,虽未注明写作时间,无疑也正是夏天在山东调查时所作。

6月14日,《大公报·文艺副刊》发表《模影零篇》之三《文珍》,是为小说创作的又一佳作。

6月中,与思成在山东十一县考察,在益都致小姑思庄信,告诉旅途经过和苦辛,对古建筑的被毁发出失望的慨叹。

7月19日,刘荣恩发表《评〈现代中国诗选〉》,批评该书没有选收刘梦苇、方玮德、林徽因、汪静之、李金发、梁宗岱、饶孟侃等人的诗,替林徽因等人鸣不平。《现代中国诗选》为艾克登、陈世襄选编选译,艾克登自己也承认有些诗不能翻译。徽因诗的灵动深奥和独特的魅力,实在很难翻译。

8月30日,《大公报·文艺副刊》诗专号发表重要论文《究竟怎么一回事》,现身说法,畅论作诗的奥秘,是一篇极好的文论。

9月，作《"九·一八"闲走》，盼望收复东北。10月，作诗《过杨柳》，发表于11月1日《大公报·文艺副刊》。

10月10日天津《大公报·国庆特刊》发表散文《唐缶小瓮》。

12月，《空想（外四章）》（包括《空想》《你来了》《"九·一八"闲走》《藤花前——独过静心斋》《旅途中》等五首），发表于卞之琳、孙大雨、梁宗岱、冯至、戴望舒等人主编的《新诗》第三期上。邵燕祥认为《一串疯话》与《你来了》格调相近，约略亦是同时所作。

本年秋冬所作的诗篇还有《山中》，尾注"廿五年秋"；《静坐》，尾注"二十五年冬十一月"。此外《红叶里的信念》、《十月独行》和《时间》等三诗，根据诗中的季候特征和1937年春天发表的下限，也不难推断是本年秋冬所作。

《大公报》为扩大副刊影响，本年进行两项活动，一是请徽因编辑《〈文艺丛刊〉小说选》，一是设立一年一度的文艺奖金，奖给一至三人。裁判委员主要请平、沪两地与《大公报·文艺副刊》关系密切的著名作家担任。有朱自清、杨振声、朱光潜、叶圣陶、沈从文、巴金、李健吾等，徽因亦名列评委之中。

是年，上海良友图书印刷公司印行《二十人所选短篇佳作集》，请知名作家各推选短篇佳作，由赵家璧编辑成书，请到徽因，徽因推选萧乾的《矮檐》入选，这期间并写长信致萧乾，畅谈文学创作的真实问题。

徐志摩逝后，"新月"时期鼎盛的"京派"日渐衰落。胡适、杨振声等人想重振"京派"旗鼓，组织起一个八人委员会，筹办《文学杂志》，编委有杨振声、周作人、沈从文、俞平伯、朱自清、林徽因、朱光潜等，朱光潜任主编，由商务印书馆出版发行。

是年，北方的诗人作家组织一个读诗会，在北海后门慈

《别丢掉》

《藤花前》

别丢掉

别丢掉
这一把过往的热情,
现在流水似的,
轻轻
在幽冷的山泉底,
在黑夜。在松林,
叹息似的渺茫,
你仍要保存着那真!
一样是月明,
一样是隔山灯火,
满天的星,
只使人不见,
梦似的挂起,
你问黑夜要回
那一句话——你仍得相信
山谷中留着
有那回音!

二十一年夏

藤花前
—— 独过静心斋

紫藤花开了

轻轻的放着香,

没有人知道……

紫藤花开了

轻轻的放着香,

没有人知道。

楼不管,曲廊不做声,

蓝天里白云行去,

池子一脉静;

水面散着浮萍,

水底下挂着倒影。

紫藤花开了

没有人知道!

蓝天里白云行去,

小院,

无意中我走到花前。

轻香,风吹过

花心,

风吹过我,——

望着无语,紫色点。

暑中在山东乡间步行　二十五年夏

慧殿三号朱光潜家中定期集会。朱光潜、周煦良用安徽腔吟诵新旧诗，俞平伯用浙江土腔，林徽因用福建土腔朗诵。

10月，平津各大学及文化界人士发起《平津文化界对时局的宣言》，向国民政府、行政院、军事委员会提出抗日救亡八项要求。徽因为文艺界发起人之一，思成为中国营造学社发起人之一，在宣言上签名。

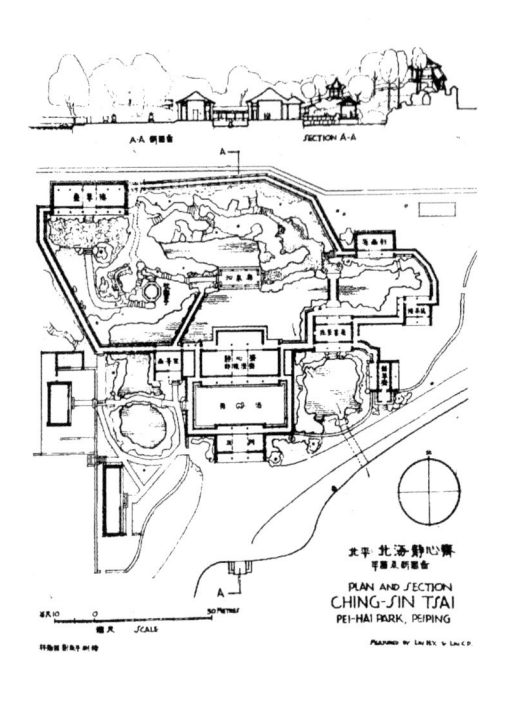

· 1936年,徽因率助理刘致平、研究生麦俨曾等测绘北海静心斋

· 1936年主持选辑《大公报》的《〈文艺丛刊〉小说选》

·1936年，思成、徽因在山东考察中

（中国营造学社纪念馆提供）

·1936年，在山东测绘滋阳兴隆寺塔

（中国营造学社纪念馆提供）

34

1937 年

1月,《新诗》第四期刊出《红叶里的信念》。1月29日,《大公报·文艺副刊》发表诗《山中》。31日,发表诗《静坐》。

3月,诗《十月独行》《时间》分别刊出于3月7日、14日的《大公报·文艺副刊》。

《新诗》第四期起预告将出版林徽因诗集,题未定。第五期、第六期再作预告,称林徽因诗集在编辑中。后来因为"七七卢沟桥事变",日军大举入侵,林徽因诗集被打断。

4月,《古城春景》发表在《新诗》第七期。《模影零篇》之四《绣绣》刊出于4月18日《大公报·文艺副刊》。

5月1日,《文学杂志》创刊号出版。请徽因设计杂志封面,封面简洁优雅,大方爽朗,正中的双鱼抱笔图案又非常活泼。仔细寻绎,双鱼图案还是用的《庄子·秋水》的典。庄子与惠子在濠梁之上辩论,庄子说,鲦鱼出游从容,是鱼之乐也。惠子说，子非鱼，安知鱼之乐？庄子说，子非我，安知我不知鱼之乐？双鱼抱笔图案用这个典故借喻文学创作表达真实的感受，不但自己知道创作的感受，还要传达给别人，让别人也能感受。这个封面没有鲜艳刺目的花纹，几根大方雅致的线条，与典雅的仿宋体字，代表一种清新、踏实、认真的特色。《文学杂志》刊行后深受文艺界和读者的好评，商务印书馆甚至想用《文学杂志》代替《小说月报》。

自《文学杂志》创刊号起，陆续刊出徽因四幕剧《梅真同他们》，第一卷第一期刊出第一幕。6月1日，第一卷第二期连载《梅真同他们》第二幕。7月1日，第一卷第三期连载《梅真同他们》第三幕。

5月16日，《大公报·文艺副刊》发表诗《前后》。

5月，思成应顾祝同之邀到西安作小雁塔维修计划，同时设计西安碑林工程，徽因偕行。他们一同调查西安建筑，还到附近长安、临潼、户县调查，又到北部耀县、澄城、韩

・1937年5月《文学杂志》创刊，请徽因设计封面

城、朝邑四县考察，徽因协同测绘药王庙石窟。徽因、思成一直向往敦煌，思成说一步一个头也要叩到敦煌去。这次原本计划自西安西行，经兰州赴敦煌，因时局紧张，陕西、甘肃设卡，必须有军部的通行证，致使预计的敦煌考察未能实现，引为终生憾事，徽因怅望敦煌方向，无限感慨。

6月，徽因与思成从朝邑取道潼关返回北平，立即带上莫宗江、纪玉堂一起奔赴五台山寻找佛光寺。日本人断言，中国不可能存在唐代木构建筑，中国人要看唐代木构，只能

·敦煌第61窟壁画中的"大佛光之寺"

到奈良去,思成则始终相信国内肯定还有唐代木构建筑。他最初看到伯希和的《敦煌石窟图录》时,注意到第61窟的宋代壁画五台山图中有"大佛光之寺",又在《清凉山志》中读到了佛光寺的记载,经过思考分析,判定佛光寺不在五台山台怀中心地区,而是远在台外,可能因为交通不便,香客不多,寺僧贫苦,无力重修,反而有利于古建筑的保存,遂决定前去作艰难的寻找。

去五台山寻找佛光寺，先要经过太原。前往太原的途中，乘火车过榆次，徽因在车厢里无意之中看到榆次东南源涡镇雨花宫大殿，以历年考察的经验，虽一掠而过，也能断定是宋代建筑，有不可放过的价值。到达太原，在等待办理手续的时间，两次又回程专门到榆次，测绘拍照考察雨花宫，认定是北宋早期建筑，而且结构最为单纯简练，干净利落，极为难得。因为修筑铁路，不知保护文物，毁去山门，只剩下这一座殿堂，全无掩蔽地面对着正太铁路。榆次雨花宫是一个重大发现，后来徽因、思成指导莫宗江写成《山西榆次永寿寺雨花宫》一文。

思成、徽因自太原北趋南台外围，骑骡子进山，山路崎岖危险，不易通行之处，只好卸下装备，牵牲口前行。这样走了两天，第二天黄昏才到了豆村，历尽千辛万苦，终于发现了国内最古老的一座木构建筑，建于唐大中十一年（857）的佛光寺大殿。不仅是木构本身，大殿中还保存着唐代塑像、唐代壁画和唐人墨书题记，大殿外还有唐经幢两座，都是重要的国宝。梁上的唐人墨书题记是徽因发现迹象，一点一点擦洗，费了三天时间才辨识出来。佛光寺工作完毕到台怀诸寺，又到繁峙、代县调查，这才从报纸上得知卢沟桥事变，战争爆发已经五天了。

7月中，到家以后随即给在北戴河度假的九岁（虚岁）女儿写信，告诉她五台山之行的经过，并进行爱国教育，说父母愿意抗战打仗，"做中国人应该要顶勇敢，什么都不怕"。叫她"不怕打仗，不怕日本"。

8月1日，《文学杂志》第一卷第四期发表诗《去春》。这一期的《编者后记》云："林徽因女士去山西旅行，《梅真同他们》的第四幕稿未能按时寄到，只好暂停一期，待下期补登。"由于日军大举入侵，占领北平，《文学杂志》出到第一卷第四期被迫停刊。徽因全家也在是年8月，逃出被占领的北平。剧作《梅真同他们》被日本侵略打断，梅真出走以后，也成了一个永久的悬念。思成写成的《山西应县佛宫寺辽释迦木塔》和《太原晋祠古建筑调查报告》已送印刷厂，也因战争爆发，印刷厂被迫停业而遗失。*

---

* 此报告已找到，见《梁思成全集》第十卷。——编者注

1936年《大公报》举办小说评奖,原定每年都要评选。编辑《〈文艺丛刊〉小说选》既然称作"文艺丛刊",一本"小说选"何谈丛刊?显然下一步还要接续编辑《〈文艺丛刊〉诗选》《〈文艺丛刊〉散文选》之类,也因日本帝国主义发动侵华的战争而给打断了。

8月,营造学社被迫解散,徽因、思成一家离开已经沦陷的北平,与清华、北大的教授闻一多、朱自清、杨振声、金岳霖、张奚若、陈岱孙等向后方转移。临走时不忍心抛下钱端升太太、叶公超太太,还要冒险去北城看望沈从文太太张兆和。徽因说她恨不得把留下的太太孩子"挤在一块走出到天津再说"。他们带着行李、孩子,牵着老母,由天津到长沙上下舟车十六次,进出旅店十二次,就为的是"回到自己的后方"。10月1日,到达长沙,不久,住所被日寇飞机炸毁,全家仅以身免,不得不分散借住到朋友家,等待政府对营造学社做出安置。滞留一个月后,决定让他们随西南联大一起转移到昆明,12月8日才挤上开往昆明的汽车。12月9日,经官庄到达沈从文的家乡沅陵,下车看望了从文受伤的三弟。

到达湘黔边界的晃县，汽车被征军用，旅客停下等车，雨雪交加，徽因又染上肺炎，高烧四十摄氏度，旅途中这次重病对她的健康造成严重的伤害。这样困难的旅行，历经三十九天，才到了昆明。

这段时间，由于日寇侵入，他们成了难民，徽因感慨万千，她埋怨政府无能，未能把他们组织起来，共赴国难。她自己则时时挂虑着前线战士的寒冷和死活，担心华北前线的防御，甚至"真想在山西随军"。陇海前线的激战，更使她兴奋，"整个心都像在那上面滚"。

· 1937年测绘陕西耀县药王庙

（中国营造学社纪念馆提供）

· 1937年徽因坐火车时发现的山西榆次永寿寺前殿正面

（中国营造学社纪念馆提供）

·思成、徽因发现佛光寺后赴台怀金阁寺途中

（中国营造学社纪念馆提供）

·思成、徽因一起发现的五台山佛光寺大殿

《静坐》

静坐

冬有冬的来意,
寒冷像花,——
花有花香,冬有回忆一把。
一条枯枝影,青烟色的瘦细,
在午后的窗前拖过一笔画;
寒里日光淡了,渐斜……
就是那样地
像待客人说话
我在静沉中默啜着茶。

二十五年冬十一月

·徽因在佛光寺大殿唐代塑像间

35

1938 年

1月15日，全家到达昆明，曾短期借住前市长的巡津街住宅。他们整天宣言愿意义务替政府或其他公共机关效力，还是没有人找他们做任何事。

春，为了对付昆明的高价房租，一星期来往爬四次山坡跑老远的路到云南大学教六点钟的补习英语。一个月净得四十余元法币，而物价飞涨，买了一把皮尺就花了二十三元。为了起码的生活，他们不得不为一些富人和奸商设计房子，报酬很不稳定。思成患了严重的脊椎关节炎和肌肉痉挛，被迫卧床六个月。营造学社成员除思成、徽因外，又有刘致平、莫宗江、陈明达等人辗转到昆明。3月，刘敦桢由新宁过广西经越南至昆明。思成主持成立古建筑考察工作站。周贻春代理营造学社董事长，中华文化基金会拨一小笔款项可供明年的经费之用。营造学社的重建一直存在于思成的决心之中，又因刘敦桢的到来，周贻春等人的支持，政府这才同意恢复，于是在巡津街"止园"、即前市长住宅的前院恢复起营造学社。10月起刘敦桢等对昆明城内外以及云南西北大理、丽江等地古建筑进行调查。

营造学社恢复起步后，缺乏图书资料，无法开展工作，只好与中央研究院的历史语言研究所（简称史语所）协商，借用他们的图书资料。史语所为躲避敌机轰炸，疏散到昆明郊区龙泉镇龙头村。8月，营造学社跟着迁到龙泉镇麦地村，租了村里的尼姑庵兴国庵作工作室。庵里住不下，徽因、思成自己设计，雇人在龙头村建造土坯住房。

8月，西南联大聘请思成夫妇为校舍基建顾问，探讨用当地廉价材料建造临时校舍。是年，徽因用土坯等当地廉价材料为云南大学设计院落式女生宿舍映秋院。

昆明物资匮乏，但是天气很好，太阳明媚，徽因说有些地方很像意大利。为此她曾写过《三月的昆明》等诗作。

由于生活艰难，再也雇不起保姆，徽因自己操持家务，买菜做饭洗衣缝补，累得要命。

·1938年,思成、徽因等一大批知识分子辗转逃难到昆明。左起周培源、梁思成、陈岱孙、林徽因、金岳霖、吴有训;前排女孩是梁再冰、男孩是梁从诫

36

1939 年

1月1日,钱端升在昆明西南联大主编《今日评论》周刊创刊。

2月5日,《今日评论》第一卷第六期上,徽因发表散文《彼此》,描写抗战时期爱国知识分子患难同当、生活艰难,但是意志坚强,充满着爱国的信念。文中说她认得有个人,他感到在这个时候,"他为这可爱的老国家带着血活着,或流着血或不流着血死去,他都感到荣耀"。其实她自己和思成也都正是这样,大家都是"彼此彼此",都是用共同酸甜的笑纹,有力地,坚韧地,横过历史。《彼此》是一篇抗战文学的杰作。

6月28日,香港《大公报·文艺副刊》发表她署名灰因的诗作《除夕看花》:"除夕的花已不是花","抖战着千万人的忧患,每个心头上牵挂"。孙毓棠说,"叫一个写读个人抒情诗的人骤然一变而改为写读抗战诗","起首总不容易"。抗战的热血一直在徽因心中沸腾,后来的抗战诗《哭三弟恒》也是被这样一种感情支配而写出来的。昆明时期她写诗不多，还有《茶铺》《小楼》等充满生活情趣的小诗。

9月，思成带领刘敦桢、陈明达、莫宗江等人赴川康地区调查古建筑。原来准备8月27日出发，思成左足擦破感染，决定缓发，乘飞机至重庆与刘敦桢等人会合。此行调查三十七个县，古建筑及崖墓石窟等七百三十处。

是年，徽因监督建筑他们自己设计的龙头村土坯住宅。老舍去龙头村时，梁宅尚未竣工。

·1939年，梁思成考察测绘四川雅安高颐阙

37

1940 年

2月，思成外出考察六个月后归来，徽因新建的住宅已落成。钱端升也在附近盖了土坯住宅。

卞之琳在四川大学任教，因为去过延安和华北八路军抗日前线，川大不再续聘，转往昆明西南联大任外文系讲师，到昆明后专程来看望徽因，在她家住一宿，多有交谈。卞之琳写的抗日小说《红裤子》，引起国内外的注意，译成英文在国外发表，徽因曾致函费慰梅，推荐卞之琳写的一个短篇小说。

11月，叶公超到上海，被日本人抓去投进监狱遭受毒打，叶公超太太还在昆明，徽因和思成把她送往香港。叶公超后被释放，但仍在监视之下，还不知什么时候能回来。

11月，昆明遭日机轰炸，徽因一家随营造学社和中央研究院史语所迁移到四川宜宾附近的南溪县李庄。徽因带着两个孩子和外婆，于11月底乘卡车离开昆明。车上三十一个人，从七十岁老人到襁褓中的婴儿，冬天越过大山，旅行两个星期才到达目的地，临走那天思成忽然发烧，只好留下，三个星期后才到达。到李庄后不久，由于旅途劳顿和严冬气候不适，徽因肺病复发，病情严重卧床不起，从此之后，一直是病废之人，不曾恢复元气。

38

1941 年

3月14日,三弟林恒在一次对日空战中阵亡。思成到成都料理他的后事,4月14日才到家,发现徽因病得比信里说的要厉害得多,但是她勇敢地面对了这一悲惨的消息。此前,在长沙至昆明的途中,汽车抛锚晃县发病的时候,徽因结识一批年轻的空军学员,在昆明这些青年把她当作亲人,到战争结束,她认识的八名飞行员,全部战死,无一幸免。每次死难,遗物送到她家,她都要大哭一场。

思成继续营造学社研究工作的同时,兼任中央研究院史语所研究员。徽因在病榻上阅读"二十四史"中的有关建筑部分,为中国建筑史的写作进行资料准备。思成忙于李庄和重庆之间申请经费的小跑,病中的徽因管理家务,实际上还得管着营造学社这个大家庭的事务,老金(金岳霖)戏称思成是火车站,徽因是站长。老金又说,这时她全身都浸泡在汉朝里了,她非常勤奋地熟识了汉代人物,帝王和王后,将军和大臣,还把他们的习惯、服装、建筑,甚至脾气秉性都联系在一起。她甚至还想用英文写一部历史小说《汉武帝传》。她本来就非常喜爱汉代石刻和浮雕,向往汉代建筑的气势恢宏，甚至认为汉代人的绘画本领更要大。自己的老国家走向衰弱，强敌入侵，她倾心汉代，正是希望国家强盛。

6月30日，西南联大校长梅贻琦偕罗莘田（常培）、郑毅生（天挺）等到李庄专来看望徽因，思成当时在重庆，徽因缠绵病榻已经半年多。脸色憔悴，声音喑哑，可是还像好时候一样健谈。说起她弟弟在成都殉国，又兴奋又感伤。7月5日，梅贻琦、罗常培一行下山后又再去李庄，看望和安慰徽因。

11月，思成已开始着手他设想中的中国建筑史的写作。

12月8日，日本偷袭珍珠港，太平洋战争爆发。12月9日，国民政府这才正式对日宣战。

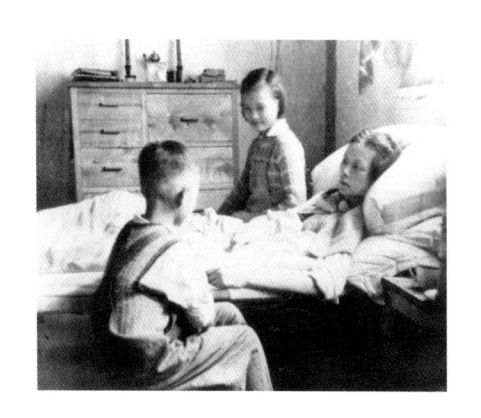

・1941年，林徽因病中与子女在四川南溪李庄家中

（中国营造学社纪念馆提供）

39

1942 年

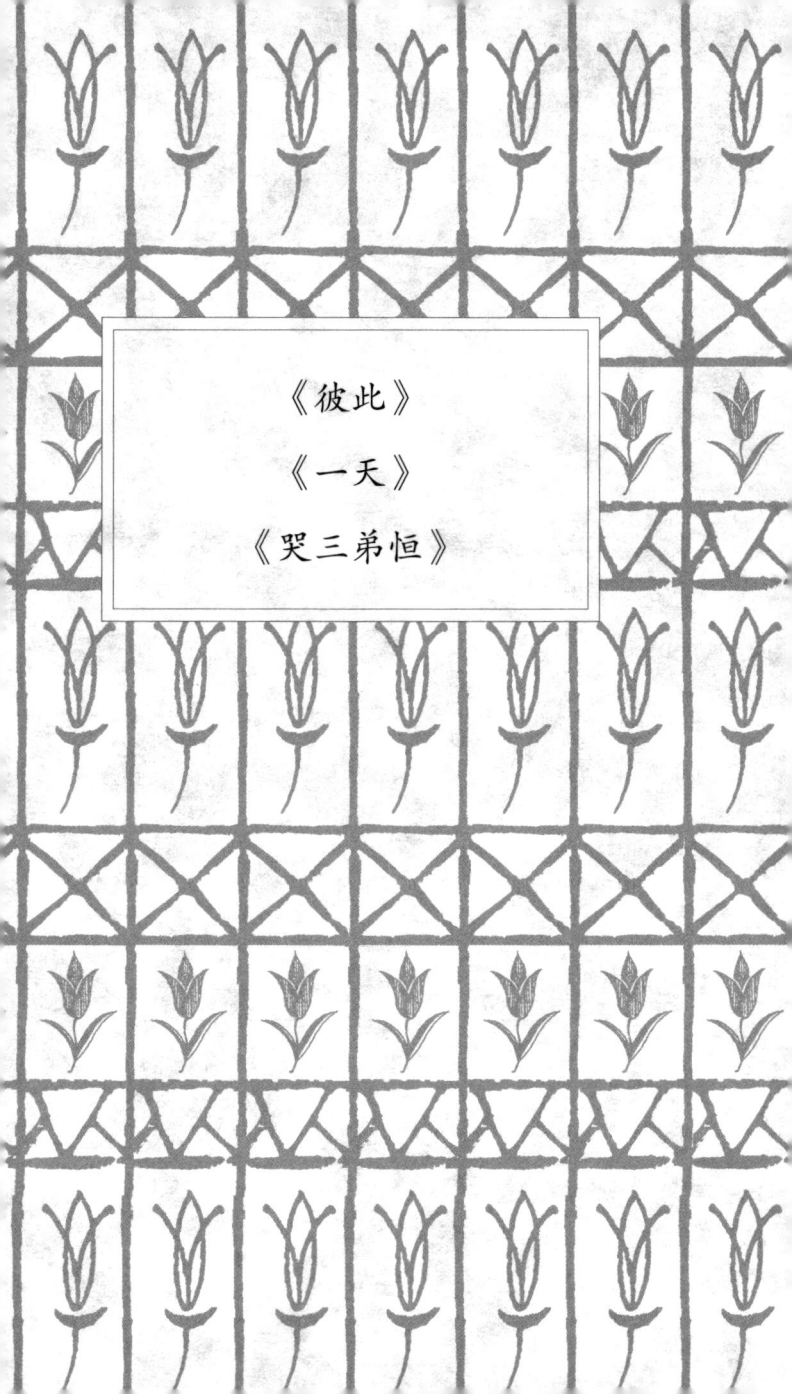

《彼此》

《一天》

《哭三弟恒》

彼此
(节选)

朋友又见面了，点点头笑笑，彼此晓得这一年不比往年，彼此是同增了许多经验。个别地说，这时间中每一人的经历虽都有特殊的形相，含着特殊的滋味，需要个别的情绪来分析来描述。

综合地说，这许多经验却是一整片仿佛同式同色，同大小，同分量的迷惘。你触着那一角，我碰上这一头，归根还是那一片迷惘笼罩着彼此。七月！——这两字就如同史歌的开头那么有劲——八月，九月带来了那狂风，后来，后来过了年——那无法忘记的除夕！——又是那一月，二月，三月，到了七月，再接再厉的又到了年夜。现在又是一月二月在开始……谁记得最清楚，这串日子是怎样地延续下来，生活如何地变？想来彼此都不会记得过分清晰，一切都似乎在迷离中旋转，但谁又会忘掉那么切肤的重重忧患的网膜？

……

话不用再说了，现在一切都是这么彼此，这么共同，个别的情绪这么不相干。当前的艰苦不是个别的，而是普遍的，充满整一个民族，整一个时代！我们今天所叫做生活的，过后它便是历史。客观的无疑我们彼此所熟识的艰苦正在展开一个大时代。所以别忽略了我们现在彼此地点点头。且最好让我们共同酸甜的笑纹，有力地，坚韧地，横过历史。

一天

今天十二个钟头,

是我十二个客人,

每一个来了,又走了,

最后夕阳拖着影子也走了!

我没有时间盘问我自己胸怀,

黄昏却蹑着脚,好奇的偷着进来!

我说:朋友,这次我可不对你诉说啊,

每次说了,伤我一点骄傲。

黄昏黯然,无言的走开,

孤单的,沉默的,我投入夜的怀抱!

三十一年春　李庄

哭三弟恒
——三十年空战阵亡

弟弟,我没有适合时代的语言

来哀悼你的死;

它是时代向你的要求,

简单的,你给了。

这冷酷简单的壮烈是时代的诗

这沉默的光荣是你。

……

啊,你别难过,难过了我给不出安慰。

我曾每日那样想过了几回:

你已给了你所有的,同你去的弟兄

也是一样,献出你们的生命;

已有的年轻一切;将来还有的机会,

可能的壮年工作,老年的智慧;

可能的情爱，家庭，儿女，及那所有
生的权利，喜悦；及生的纠纷！
你们给的真多，都为了谁？你相信
今后中国多少人的幸福要在
你的前头，比自己要紧；那不朽
中国的历史，还需要在世上永久。

你相信，你也做了，最后一切你交出。
我既完全明白，为何我还为着你哭？
只因你是个孩子却没有留什么给自己，
小时我盼着你的幸福，战时你的安全，
今天你没有儿女牵挂需要抚恤同安慰，
而万千国人像已忘掉，你死是为了谁！

三十三年　李庄

春，病中写诗《一天》。徽因写信给费慰梅，说他们家贫困到极点，自己的病得不到治疗，又雇不起女保姆，每天还得忙于洒扫庭院做苦工，采购做饭收拾洗涮，她自己说每天"浑身痛着呻吟着上床，我奇怪自己干嘛还活着"。《一天》诗云："黄昏黯然，无言的走开，／孤单的，沉默的，我投入夜的怀抱！"朋友也替她抱怨，说她已没有什么时间可以浪费，只有浪费掉她的生命的危险。

4月18日，傅斯年给朱家骅、翁文灏写信，叙述思成、思永兄弟在李庄的贫困危苦之状，徽因患肺病已卧床两年，思永亦患上肺病甚重。请他们帮助呼吁政府当局给予救助，特批一笔救助款项。信中称思成兄弟都是难得的贤士，亦是国际知名的学人，人品学问皆中国之第一流人物，恐无救助，就要出事。朱家骅在病中，翁文灏拟了长篇报告。傅斯年的呼吁起了作用，并未告诉思成、思永知道，请到了一笔款项之后，收条也是傅斯年代写。

大约在8月、9月间，徽因得知此事经过，"大吃一惊"，

"半天作奇异感"。当时思成不在家，徽因写信给傅斯年，深表感谢。傅斯年给朱家骅、翁文灏的信中称赞思成"研究中国建筑，举世无匹，营造学社即彼一人耳"。信中还称赞徽因为"今之女学士，才学至少在谢冰心辈之上"。为此徽因回信说"一言之誉"使她"疚心疾首，夙夜愁痛"。

受到这次救助以后，徽因得以治病买药和营养品，家庭状况也有了改善。思成给费正清写信说，他可以按时上班，徽因操持家务也不那么吃力了，体重也增加了八磅半。

9月，费正清作为战时美国驻华情报协调处主任，飞到昆明，再到重庆。9月末，费正清到上清寺中央研究院招待所看望思成，思成又是在重庆跑经费。

11月中，费正清到李庄重访徽因、思成。

是年，思成全力以赴写作《中国建筑史》，病中的徽因也在全力以赴地帮助他，1954年思成在《中国建筑史》油印本"前言"中说:"林徽因同志除了对辽、宋的文献部分负责搜集资料并执笔外,全部都经过她校阅补充。"徽因致费慰梅信说:"我必须为思成和两个孩子不断地缝补那些几乎补不了的小衣和袜子……这比写整整一章关于宋、辽、金的建筑发展或者试图描绘宋朝首都,还要费劲得多。这两件事,我曾在思成忙着其他部分写作的时候,高兴地和自愿地替他干过。"《中国建筑史》第六章的宋、辽、金建筑和都城等四节,全是徽因执笔。保存下来的稿本中这几节的注释部分,还是徽因亲笔所书,毛笔蝇头小楷,极为工整,又洒脱娟秀,颇有王羲之笔意,表明她自幼热爱王书,下功夫临过王帖。

1943 年

春,《中国建筑史》即将写成。思成说,这部建筑史"是试图把我和中国营造学社其他成员过去十二年中搜集到的材料系统化"。1941年思成还用英文写了一篇《寻找华北古建筑》的重要文章,总结调查寻找古建筑的经历和收获,说是过去九年,营造学社每年两次派出调查小组,遍访各地以搜求古建筑遗构,每次二至三个月不等,最终目标,是为了编写一部中国建筑史。迄今已踏勘了十五省二百余县,考察过的建筑物已逾两千。这些调查,主要是1932年至1937年这六年中完成的,这段时间外出调查寻找古建筑,徽因只要不在生病,大都一起参加了。那种调查的艰苦,真是一言难尽,可那又是他们共同擎举的事业,他们的痛苦和欢乐混成了一片。

《中国建筑史》当时初定名《中国艺术史建筑篇》,完稿后徽因为编成卷首目录、插图目录,亲笔恭楷书写在中国营造学社稿纸上,又用色纸书写封面题签,用手写仿宋体美术字。书稿最后抄写,除卷首目录五页,插图目录七页外,又有注释两处共八页,还有第六章第二节《北宋宫殿苑囿都市》标题一行亦是徽因手笔。这是林徽因留下来的最后一批毛笔楷书真迹,极为珍贵。

《中国建筑史》写成后,思成又想把中国建筑的图版做成黑白片子,加上中英文说明,请费正清帮助做成缩微胶片寄到美国去出版,或找到出版的资助。中文本在中国出版,英文文字稿随后出,这样两套著作就可以在战争结束之前或刚刚结束时面世。这年开始编著英文《图像中国建筑史》,思成在1946年写的"前言"中说,这本书的撰写,徽因有很大功劳。梁从诫回忆说,父亲和母亲一面讨论,一面用一台古老的打字机打出草稿。梁从诫又说,英文《图像中国建筑史》的"前言"部分"大半出自母亲的手笔"。

8月,刘敦桢离开李庄的中国营造学社,应聘到重庆中央大学任教授。徽因给费慰梅写信说,南迁以来营造学社干活的人一共只有五个。"现在刘先生一走,大家很可能作鸟兽散。"果然,刘先生走后,他的助手陈明达也到西南公路局去工作了。思成后来提起徽因的坚忍顽强,说是"在战争时期的艰苦日子里,营造学社的学术精神和士气得以维持,主要归功于她"。

是年,英国生物化学家李约瑟教授作为英国大使馆的战时科学参赞驻在重庆,专程到李庄看望思成和徽因,受过烤鸭子的招待。李约瑟一脸严肃,人们彼此打赌,看他在李庄会不会笑一笑,这位著名的学者在思成、徽因的陪同下终于笑出了声。他说他很高兴,梁夫人说英语还带有爱尔兰口音。

11月4日,费正清、陶孟和自重庆到李庄,访问徽因、思成,在李庄住一周。看到徽因病情严重,气候潮湿,打算把她送到甘肃,与陶孟和夫人一同治疗。她本来不愿意扔下工作离开李庄,翌年,更因陶夫人不幸去世而最后作罢。

11月中,思成随费正清等到重庆。这时《中国建筑史》已写完,所用插图已由费正清帮助制成微缩胶片,效果很好。

· 《中国建筑史》完稿后林徽因最后编成卷首目录

中國藝術史建築篇目錄

第一章 緒論
　第一節 中國建築之特徵
　第二節 中國建築史之分期
　第三節 營造法式與工程做法
　　一 營造法式
　　二 工部工程做法則例

第二章 上古時期
　第一節 上古
　第二節 春秋戰國

第三章 秦
　第一節 兩漢
　　第一節 文獻上兩部建築活動之大略
　　第二節 漢代實物

中國藝術史建築篇 梁思成著

- 《中国建筑史》初定名《中国艺术史建筑篇》,用色纸书写封面题签、用手写仿宋体美术字

41

1944 年

是年写成《忧郁》《哭三弟恒》两诗。

10月,《中国营造学社汇刊》复刊,印行第七卷第一期,由思成主编。思成说一个学术团体,不能没有刊物。抗战后期处境艰难,只能用草纸石印,照片不能制版,就一一描成单线图。这一期发表思成《记五台山佛光寺建筑》及署名编者的《为什么研究中国建筑》等重要文章,出版后很快倾售一空。

初冬,写成《十一月的小村》一诗。

是年冬,思成被任命为中国战地文物保护委员会的副主任,主任为杭立武。由思成负责编制一套沦陷区重要文物建筑的目录,并在军用地图上标明它们的位置,中英文对照,并附有照片,发给当时仍在轰炸中国东部省份日军基地的美国飞行员。有一份还送达了周恩来,引起了他的注意。周恩来得知大后方还有这样一批爱国知识分子,仍在艰难地从事研究,尽力报效祖国,还派龚澎找费慰梅陪同,到重庆专门看望思成、徽因他们。龚澎穿着入时,说一口流利的英语,又直言不讳地说自己是共产党,给徽因、思成留下了很深的印象。

42

1945 年

夏，费慰梅作为美国大使馆文化参赞来到重庆，在重庆执行副主任任务的思成迎接了她。

8月10日，日本政府接受四国公告宣布无条件投降。10日晚，日本投降的消息传到重庆，全城一片欢腾。在庆祝胜利的时候，一位美国飞行员用C-47运输机把思成和费慰梅送到宜宾，再到李庄，费慰梅重访徽因，徽因止不住热泪横流。

10月，《中国营造学社汇刊》第七卷第二期印行，徽因负责主编。这一期继续刊出《记五台山佛光寺建筑》续篇。为了迎接战后大规模的住宅重建，徽因专门写了《现代住宅设计的参考》的长文。这一期发表费慰梅著、王世襄译《汉武梁祠建筑原形考》，徽因在文后加了一段"编者后记"。编完这一期汇刊，徽因最后又写了"编辑后语"。这一期汇刊仍然是土纸石印，这是《中国营造学社汇刊》的终期，徽因和思成把营造学社的工作一直坚持到最后，恰恰还是徽因最后为营造学社的工作和《中国营造学社汇刊》的出版画上一个圆满的句号。思成说营造学社后期的学术精神和士气得以维持,"主要归功于她"。这样的话绝非虚誉,话语里含着很重又很实在的分量,和无限的敬佩与感激。

冬天,徽因和思成一起到重庆来了。这是她五年来第一次离开李庄,健康还很不稳定,大部分时间只能待在上清寺中研院招待所里。能够受得住的时候,费氏夫妇陪徽因和思成看了一场戏、两场电影。12月,思成回到李庄。

12月20日,美国特使乔治·马歇尔来华到重庆。不久在美国新闻处总部举行一次招待会。所有中国政党和派别代表、无党派人士都被邀请参加,包括周恩来、冯玉祥等人,徽因也应邀参加了这个招待会。会后一位美国胸外科医生,当时在战后的重庆中国善后救济总署工作的里奥·埃娄塞尔博士,为徽因检查身体,私下告知费慰梅,说她的两肺和一个肾都已感染,她的生命在几年内,也许五年,就会走到尽头。

·《中国营造学社汇刊》第七卷第二期
（中国营造学社纪念馆提供）

43

1946 年

《对北门街园子》

《给秋天》

《写给我的大姊》

《北海公园》

对北门街园子

别说你寂寞；大树拱立，
草花烂漫，一个园子永远
睡着；没有脚步的走响。

你树梢盘着飞鸟，每早云天
吻你额前，每晚你留下对话
正是西山最好的夕阳。

给秋天

正与生命里一切相同,
我们爱得太是匆匆;
好像只是昨天,
你还在我的窗前!

笑脸向着晴空
你的林叶笑声里染红
你把黄光当金子般散开
稚气,豪侈,你没有悲哀。

你的红叶是亲切的牵绊,那零乱
每早必来缠住我的晨光。
我也吻你,不顾你的背影隔过玻璃!
你常淘气的闪过,却不对我忸怩。

可是我爱的多么疯狂，
竟未觉察凄厉的夜晚
已在你背后尾随，——
等候着把你残忍的摧毁！

一夜呼号的风声
果然没有把我惊醒
等到太晚的那个早晨
啊。天！你已经不见了踪影。

我苛刻的咒诅自己
但现在有谁走过这里
除却严冬铁样长脸
阴雾中，偶然一见。

写给我的大姊

当我去了,还有没说完的话,
好像客人去后杯里留下的茶;
说的时候,同喝的机会,都已错过,
主客黯然,可不必再去惋惜它。
如果有点感伤,你把脸掉向窗外,
落日将尽时,西天上,总还留有晚霞。

一切小小的留恋算不得罪过,
将尽未尽的衷曲也是常情。
你原谅我有一堆心绪上的闪躲,
黄昏时承认的,否认等不到天明;
有些话自己也还不曾说透,
他人的了解是来自直觉的会心。

当我去了,还有没说完的话,
像钟敲过后,时间在悬空里暂挂,
你有理由等待更美好的继续;
对忽然的终止,你有理由惧怕。
但原谅吧,我的话语永远不能完全,
亘古到今情感的矛盾做成了嘶哑。

北海公园
(节选)

  在二百多万人口的城市中，尤其是在布局谨严，街道引直，建筑物主要都左右对称的北京城中，会有像北海这样一处水阔天空，风景如画的环境，据在城市的心脏地带，实在令人料想不到，使人惊喜。初次走过横亘在北海和中海之间的金鳌玉蝀桥的时候，望见隔水的景物，真像一幅画面，给人的印象尤为深刻。耸立在水心的琼华岛，山巅白塔，林间楼台，受晨光或夕阳的渲染，景象非凡特殊，湖岸石桥上的游人或水面小船，处处也都像在画中。池沼园林是近代城市的肺腑，借以调节气候，美化环境，休息精神；北海风景区对全市人民的健康所起的作用是无法衡量的。北海在艺术和历史方面的价值都是很突出的,但更可贵的还是在它今天回到了人民手里,成为人民的公园。

……

北海布局的艺术手法是继承宫苑创造幻想仙境的传统,所以它以琼华岛仙山楼阁的姿态为主:上面是台殿亭馆;中间有岩洞石室;北面游廊环抱,廊外有白石栏楯,长达三百米;中间漪澜堂,上起轩楼为远帆楼,和北岸的五龙亭隔水遥望,互见缥缈,是本着想像的仙山景物而安排的。湖心本植莲花,其间有画舫来去。北岸佛寺之外,还作小西天,又受有佛教画的影响。其它如桥亭堤岸,多少是模拟山水画意。北海的布局是有着丰富的艺术传统的。它的曲折有趣、多变化的景物,也就是它最得游人喜爱的因素。同时更因为它的水面宏阔,林岸较深,尺度大,气魄大,最适合于现代青年假期中的一切活动:划船、滑冰、登高远眺,北海都有最好的条件。

徽因的健康不适于继续待在潮湿寒冷的环境之中，她自己也在诅咒"可憎的重庆""可怕的宿舍""灰色的光线"。为了治理长江险滩，重庆和李庄之间的班轮停运，徽因回不去李庄。费慰梅正要到昆明去，再三研究决定冒一次健康风险，把她带到昆明去。

春，徽因到昆明，与老友张奚若夫妇、钱端升夫妇、金岳霖等相聚，借住张奚若家附近，军阀唐继尧老祖居的后山上，有一个豪华的大花园。在昆明写了《对残枝》《对北门街园子》两诗。

思成接受梅贻琦之聘，决定到清华大学主持营建系的创建工作，任教授兼系主任。先在重庆中研院招待所等了一阵之后，7月31日，全家由重庆返回北平。徽因到清华安家之后，便立即为清华设计胜因院教师住宅。

10月，思成应美国耶鲁大学之聘为客座教授，讲授中国艺术和建筑。

11月24日，旧作散文《一片阳光》发表在《大公报·文艺副刊》上。

44

1947 年

1月4日，天津《益世报·文学周刊》发表诗作《孤岛》和《死是安慰》。

2月，思成作为中国代表，任联合国大厦设计委员会顾问。

4月，普林斯顿大学庆祝建校二百周年，举行"远东文化与社会"研讨会。思成作了他在建筑上的发现的讲演，和关于雕塑史及大足石刻的另一场讲演。普林斯顿大学授予他荣誉文学博士学位。

5月4日，《大公报·文艺副刊》发表《诗三首》(《给秋天》《人生》《展缓》)。

萧乾自英国回国，从上海飞到北平，去清华园探望徽因。

思成强调文理渗透，提倡人文建筑学，1946年拟定的清华大学营建系课程草案，还想分出工业艺术系科，继承发扬包豪斯的传统。徽因早在小说《钟绿》中就曾提到："所谓工业艺术你可曾领教过？"这一年为了探讨实践，也为了减轻学生的经济负担，徽因倡议并带头组织工艺美术设计组，接受设计任务，所得收入购买资料纸张供学生学习建筑绘图之用。

10月，在北平中央医院住院，准备做肾切除手术，身体已极度虚弱。但是她热爱生活，热爱大自然，在一阵情绪高涨中，她和女儿以及女儿的年轻朋友，在病中游了颐和园，"花了七万元雇了一顶全程游览的轿子直上园后的山顶"。这一次玩得很开心。

12月，手术还是做了。手术之前，给费慰梅写了诀别信："再见，我最亲爱的慰梅。要是你忽然间降临，送给我一束鲜花，还带来一大套废话和欢笑有多好。"手术前作诗《恶劣的心绪》："我病中，这样缠住忧虑和烦扰"，诗末署"三十六年十二月病中动手术前"。又作诗《写给我的大姊》："当我去了，还有没说完的话"。徽因为长女，大姊即大表姐王孟瑜，为大姑家长女，长她五岁。这首诗也是在向亲人做诀别。

・1947年，林徽因与女儿梁再冰游颐和园
（中国营造学社纪念馆提供）

1948 年

2月，摆脱了手术后的热度，体力在逐渐恢复。她不能忍受寂寞，忽然诗兴大发，还从旧稿堆里翻出以前的诗，寄出去十六首。老金鼓励她刊行旧作，说是把它们放到合适的历史场景中，不管将来的批评标准是什么，对它们就都不适用了，这个说法显然合乎逻辑，哲学家可能有一种预感。

2月22日，北平《经世日报·文艺周刊》刊出徽因诗三组六首，计《空虚的薄暮》：一、《六点钟在下午》，二、《黄昏过杨柳》；《昆明即景》：一、《茶铺》，二、《小楼》；《年轻的歌》：一、《你来了》，二、《一串疯话》。

3月21日是徽因、思成结婚二十周年，请一些朋友在他们家中举行茶会，徽因即席作了关于宋代都城的报告，使大家很惊奇。这个日子也是宋代建筑大师李明仲的一个纪念日。

1942年至1947年冬所作诗九首，刊载于5月出版的《文学杂志》第二卷第十二期，总题为《病中杂诗九首》。包括《小诗》(一)、(二)，《恶劣的心绪》，《写给我的大姊》，《一天》，《对残枝》，《对北门街园子》，《十一月的小村》，《忧郁》。

同刊同期还刊出了她1944年在李庄写的长诗《哭三弟恒》。

6月，朱自清等一百一十名教授发起《抗议美国扶日政策并拒绝领取美援面粉宣言》，徽因、思成都在宣言上签了字。

8月2日，天津《益世报·文学周刊》发表徽因诗作《桥》《古城黄昏》。《桥》作于1947年6月，《古城黄昏》还要再晚，是徽因一生最晚发表的诗作。

8月29日，女作家、记者赵清阁到清华园专访徽因，进行了亲切友好的交谈。赵清阁早年曾邀请徽因写小说，她们谈到戏剧和电影，徽因发表了许多精辟的见解。

9月，思成被遴选为中央研究院院士。

11月8日或稍后，徽因收到费正清的第一本书《美国与中国》后不久，给费慰梅写了一封长信，实际上是一篇书评，有赞扬也有批评，发表了许多精彩的见解。她希望能在圣诞节前或圣诞节时寄到，这是她寄给费慰梅的最后一封信。

12月，解放军包围北平，兵临城下，还在争取傅作义,希望和平解放北平。思成担心城里的国宝建筑,害怕毁于战火之中。他伫望南天,暗暗自语:"完了!"12月13日,清华园解放。12月17日,毛泽东亲笔起草电报,称海淀、西山等重要文化古迹区,只派兵保护,派人联系,"尤其注意与清华、燕京等大学教职员、学生联系,和他们共同商量如何在作战时减少损失"。为具体执行毛泽东和军委命令,解放军派代表找到思成,请思成协助围城部队绘制了北平重点保护文物古迹地图,进而还请思成编写全国古建筑目录,徽因协助他完成《全国文物古建筑目录》一书。后来在此书的基础上演变成为《全国重要建筑文物简目》。1949年1月16日,毛泽东又起草中央军委关于保护北平文化古城和文物古迹的电报,指出:"此次攻城,必须做出精密计划,力求避免破坏故宫、大学及其他著名而有重大价值的文化古迹。""要使每一部队的首长完全明了,哪些地方可以攻击,那些地方不能攻击,绘图立说,人手一份,当做一项纪律去执行。"毛泽东和中央军委显然采纳了思成、徽因的地图和目录,并立即下达。前后两份电报为军事绝密,徽因、思成当时不可能知道,但是他们相信解放军必能说到做到。

1949 年

解放军围城期间，城内国民党统治一片混乱，人心惶惶，物价飞涨，断水断电。徽因、思成不仅担心北平文物建筑，还非常关心困在城里的朋友。1月28日，徽因、思成居然通过朋友关系，设法将沈从文从城里接应到解放了的清华园来，住到老金家中，大家悉心照料，帮助他缓解紧张情绪。1月30日，他们给城里带信，报告沈从文的平安，1月31日，北平宣告和平解放。

北平解放后，徽因仍被聘为清华大学营建系教授。她教授"中国建筑史"课程并为研究生开"住宅概论"等专题课。她非常关心普通劳动者小面积住宅的合理设计问题，亲自做了多种方案。

6月，全国政协常委会决定成立专门小组负责拟定国旗、国徽方案等工作。

7月10日，《人民日报》刊登征求国旗、国徽图案的条例。

8月5日，政协第六小组聘请徐悲鸿、梁思成、艾青参

·林徽因等 1949 年 10 月 23 日国徽设计方案

·张仃等 1950 年 6 月 15 日的方案

·清华大学营建系 1950 年 6 月 17 日的方案

加国旗、国徽图案评选委员会。

9月21日，政协第一届会议通过国旗、国徽审查委员会名单。

9月26日，审查委员会决定邀请清华大学、中央美术学院分别设计国徽方案。徽因、思成和清华大学营建系的教师一道，连续工作几个月，直到方案最后确定。

国徽设计的过程中，充满有趣的插曲，一本参考资料上的图案有的花花绿绿，不够庄严，徽因讥笑说是像阴丹士林布商标，不知谁还说了一声"七折大甩卖"。大家不赞成用蓝天和蓝色的海洋，讨论要用五星红旗衬托天安门，诗人气质的徽因说是要把五星红旗撒到天上去。这样一个美丽庄严的构思便定了下来。

是年，杨绛回清华任西语系教授，拜会徽因。杨绛早年小说处女作《璐璐不用愁》，承蒙徽因赏识，选收于《大公报》的《〈文艺丛刊〉小说选》，改题为《路路》，署了她的学名"季康"。

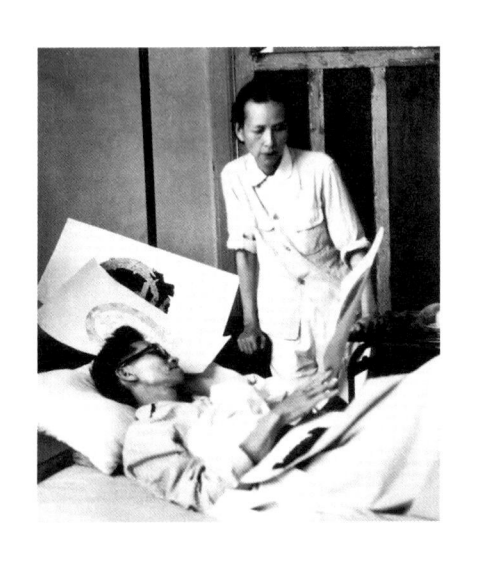

·林徽因与梁思成商讨国徽设计图稿

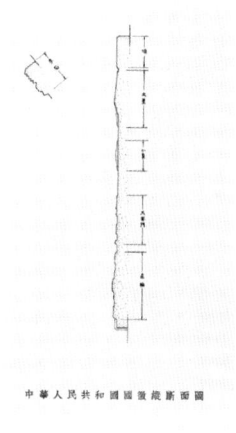

中華人民共和國國徽縱斷面圖　　中華人民共和國國徽方格墨線圖

· 中华人民共和国国徽图案方格墨线图

47

1950 年

1月，黄裳在吴晗的陪同下拜访徽因、思成，他非常喜欢徽因以文学笔法写的建筑文章和调查报告，在《榆下说书》中予以褒扬。

6月20日，政协一届二次会议分组讨论国徽审查组选定的清华大学方案。23日政协一届二次大会，毛泽东主席提议，全体代表以起立方式一致通过清华的国徽图案。9月20日，中央人民政府毛泽东主席明令公布中华人民共和国国徽。国徽方案被选中，徽因激动不已。

这一年徽因被任命为北京市都市计划委员会委员，兼工程师。

徽因与清华大学教师们一道提出首都城建总体规划草案。她极力主张保存古城面貌，反对拆毁城墙、城楼和一些重要古建物，还和思成一起提出修建"城墙公园"，既能保存城墙又可供劳动人民休息享用的两全其美的方案。关于北海团城的保留保护，她和思成也做了一个又一个方案。

·林徽因指导常沙娜设计的景泰蓝烟具

1950年至1951年，徽因应工艺美术界的邀请，到景泰蓝和烧瓷等工艺工场调查研究，熟悉生产工序，设计了一批具有民族风格又便于制作的新式图案，还亲自参与试制，不仅挽救了传统工艺美术，还帮助救活了两个濒临关闭的老厂。她还为美术院校和工艺美术界培养研究生常沙娜、钱美华、孙君莲等人，常沙娜后来做了中央工艺美术学院院长，钱美华后来做了景泰蓝厂总设计师，孙君莲也成了优秀设计骨干。她们读研期间，徽因带领她们对历代图案进行研究，分析其演变和发展规律，还草拟了一个《中国历代图案集》的提纲，准备请王逊一道撰文，由常沙娜她们绘制图案。

1951 年

徽因、思成组织清华大学营建系教师朱畅中、胡允敬、程应铨等,将《雅典宪章》译成中文,改称《城市计划大纲》,由龙门联合书局出版,徽因与思成合写成《〈城市计划大纲〉序》。

4月,协助思成写作《北京——都市计划的无比杰作》,在《新观察》第二卷第七、八期上发表。发表时署名梁思成,思成跋注称这篇文章是"同林徽因分工合作,有若干部分还偏劳了她"。

8月,《谈北京的几个文物建筑》在《新观察》第三卷第二期上发表。

夏秋之交,诗人邵燕祥到清华拜访思成、徽因。这时她脸色显得苍白,面带病容,许多工作都是带病做的。

49

1952 年

在繁忙工作同时，应《新观察》之约，撰写一组介绍北京古建筑的文章，《新观察》为此特辟一个题为《我们的首都》的专栏，一共发表了十一篇短文，计有《中山堂》《北京市劳动人民文化宫》《故宫三大殿》《北海公园》《天坛》《颐和园》《天宁寺塔》《北京近郊的三座"金刚宝座塔"》《鼓楼、钟楼和什刹海》《雍和宫》《故宫》，连载于本年第一至十一期，每期一文。她写这些文章是为了唤起人们热爱和保护文物建筑的意识。

与思成合作《祖国的建筑传统与当前的建设问题》一文，发表于《新观察》第十六期。

5月4日，中国人民保卫世界和平委员会、中华全国文学艺术界联合会等七团体，在中南海怀仁堂举行大会，纪念世界四大文化名人（阿维森纳诞生一千周年，达·芬奇诞生五百周年，雨果诞生一百五十周年，果戈理逝世一百周年），郭沫若作了《为了和平民主与进步的事业》的报告，号召促进文化交流，保卫世界和平。《人民日报》发表社论《为保卫各民族文化传统而斗争》。思成、徽因应邀作《达·芬奇——具有伟大远见的建筑工程师》，在大会前一天，发表在5月3日的《人民日报》上。

5月，人民英雄纪念碑兴建委员会（简称碑建会）组成，主任彭真，副主任郑振铎、梁思成。思成兼设计组组长和建筑设计专门委员会召集人。美术组组长刘开渠。徽因积极参加碑建会委派的工作，协助思成推敲方案，并主要负责雕饰花纹图案的设计工作，所作图案设计非常细致认真，一遍一遍修改，精益求精。

《新观察》第十八期刊载徽因为在北京召开的亚洲及太平洋区域和平会议而写的文章《和平礼物》。文中所附的礼物和礼物上的图案，有一些是她和常沙娜设计的。徽因参加这个大会，并与印度代表互赠头巾。

与思成合译苏联窝罗宁教授所著《苏联卫国战争被毁地区之重建》一书（据英文本转译），由上海龙门联合书局出版，并与思成合撰《译者的体会》(《〈苏联卫国战争被毁地区之重建〉译文存目译者的体会》)，收在译书中。

是年，参加中南海怀仁堂修缮工程，担任顾问，并负责室内装修设计。

1953 年

3月，思成出国访问苏联，碑建会的工作正进入紧张繁忙阶段，徽因替思成照管碑建会设计组的工作，组织人力，分配工作，技术方面讨论云纹碑顶，还要具体讨论如何向上级反映意见，作重大建议。思成牵挂碑建会的工作，徽因3月12日写信一一叙述。

思成为考古工作人员训练班讲《古建序论》，徽因为之记录整理，刊载在《文物参考资料》1953年第三期。

9月23日，中国文学艺术工作者第二次全国代表大会在北京举行，徽因被选为代表，参加会议。对于林徽因扶植恢复景泰蓝和烧瓷等工艺以及在传统技艺上的设计革新，江丰在美协的工作报告中作了热情的赞扬和充分的肯定。

10月，中国建筑学会成立，思成被选为副理事长、学术委员会主任和《建筑学报》编委会主任，徽因为《建筑学报》编委，两人同兼中国建筑研究委员会委员。

为北京市文物整理委员会编、人民美术出版社出版的大型工具书《中国建筑彩画图案》审稿并作序。在审稿过程中提出很多精彩独到的见解和一些直率中肯的批评,指出一些印样画得聒噪喧腾,一片热闹而不知所云,是失败的例子,而编辑却要在序文中强调优点,使她为难,心里也不痛快。这篇序文是她生前单独写的最后一篇文章,该书于1955年在她逝世以后才出版,序文不能全都实话实说,又经编辑改过一些地方。

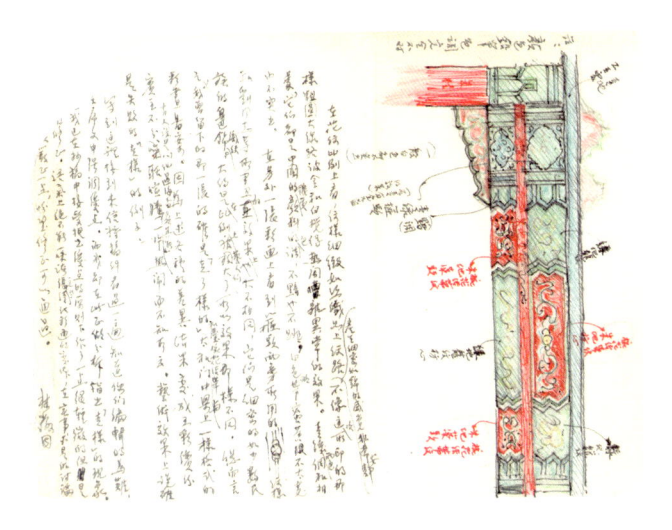

・林徽因《关于〈中国建筑彩画图案〉的意见》手稿

（中国营造学社纪念馆提供）

51

1954 年

是年春，北京兴建苏联专家招待所（今友谊宾馆），采用民族形式，由张镈设计，聘请思成、徽因为设计顾问。

6月，当选为北京市人民代表大会代表。8月10日，《北京日报》介绍简历：林徽因　女　汉族　五十岁 北京市都市计划委员会委员兼工程师、清华大学教授。

8月，在一次北京市人民代表开会讨论天安门前的东西三座门是否拆除时，徽因重病在身，仍坚持出席会议。作为人大代表，她鞠躬尽瘁，慷慨陈词，主张保留，直言不讳，她说要保留在实践上也没有多大困难，只需将长安街大马路在天安门前这一段稍向南移，也就行了。她的发言很有说服力，多数代表赞同保留，但据说因党员代表先已得到通知必须同意拆除，表决时还是通过要拆，施工部门已准备就绪，随即也就开拆了。三座门拆除后，徽因非常痛心，思成说："我非常难受，实在是把一个宝贝给毁了。"批梁的干将则振振有词，说是根据社会主义现实主义的原则，东西三座门和西直门外的十一间破庙必须拆除。

与梁思成、莫宗江合写《中国建筑发展的历史阶段》，发表在《建筑学报》1954年第二期上。这是她生前发表的最后一篇与人合写合署名的学术文章。《建筑学报》同年第一期（创刊号）上，发表思成《中国建筑的特征》，并说明是"梁思成同志在清华大学建筑系，为该系教师和研究生所讲'中国建筑史'讲义原稿的第二章，本刊拟将各章连续刊登"。第二期刊出《中国建筑发展的历史阶段》，编者后记又说"梁思成教授关于中国建筑史的连载文章，继续刊登"，又预告1955年第一期"将继续刊出《中国建筑的优秀实例》"。思成、徽因作为《建筑学报》的发起人和第一届主编编委，总共编了三期学报。1954年两期学报上的建筑史文章成了"批判"的靶子和复古主义的罪状，专家招待所的设计介绍也成了攻击的对象。批判开始时，他们编的1955年第一期学报已印成即将发行，被勒令全部销毁，那上面刊登的《中国建筑的优秀实例》一文，也就随该刊该期一道焚尸灰飞烟灭，到底也不知是思成一人所作，抑或是与徽因合作。

这一年徽因身体已极度衰弱，经常卧床不起，她担任的

《〈中国建筑彩画图案〉序》

《中国建筑彩画图案》序(节选)

在高大的建筑物上施以鲜明的色彩,取得豪华富丽的效果,是中国古代建筑的重要特征之一,也是建筑艺术加工方面特别卓越的成就之一。彩画图案在开始时是比较单纯的。最初是为了实用,为了适应木结构上防腐防蠹的实际需要,普遍地用矿物原料的丹或朱,以及黑漆桐油等涂料敷饰在木结构上;后来逐渐和美术上的要求统一起来,变得复杂丰富,成为中国建筑装饰艺术中特有的一种方法。例如在建筑物外部涂饰了丹、朱、赭、黑等色的楹柱的上部,横的结构如阑额枋檩上,以及斗拱椽头等主要位置在瓦檐下的部分,画上彩色的装饰图案,巧妙地使建筑物增加了色彩丰富的感觉,和黄、丹或白垩刷粉的墙面,白色的石基、台阶以及栏楯等物起着互相衬托的作用;又如彩画多以靛青翠绿的图案为主,用贴金的线纹,彩色互间的花朵点缀其间,使建筑物受光面最大的豪华的丹朱或严肃的深赭等,得到掩映在不直接受光的檐下的青、绿、金的调节和装饰;再如在大建筑物的整体以内,和它的附属建筑物之间,也利用色彩构成红绿相间或是金朱交错的效果(如朱栏碧柱、碧瓦丹楹或朱门金钉之类),使整个建筑组群看起来辉煌闪烁,借此形成更优美的风格,唤起活泼明朗的韵律感。特别是这种多色的建筑体形和优美的自然景物相结合的时候,就更加显示了建筑物美丽如画的优点,而这种优点,是和彩画装饰的作用分不开的。

……

"中国建筑史"等课程,大半都是躺在床上讲授。学生走后她便发烧咳嗽不止,就是这样舍己芸人,讲课时仍然兴奋不已。这年冬天很冷,清华新林院住宅没有暖气,思成决定搬到城里过冬,一边治病。房子没有租好,暂时借住陈占祥家里。陈占祥一家看到思成对徽因的无微不至的关怀,深为感动。

1955 年

1月26日，中共中央《关于在干部和知识分子中组织宣传唯物主义思想，批判资产阶级唯心主义思想的演讲工作的通知》指出：一、对俞平伯《红楼梦》研究错误思想的批判已告一段落；二、对胡适派思想的批判已初步展开；三、对胡风及其一派的文艺思想的批判亦将展开。

2月，全国范围内开始批判"以梁思成为代表的资产阶级唯美主义的复古主义建筑思想"。先是，"左"的路线在文学艺术界已展开了对电影《武训传》和俞平伯《红楼梦》研究的批判，接着又开展了对胡适、胡风等人的批判，胡风被批判后又被打成反革命投进监狱。把这种"批判"由文学艺术界扩展到科学技术界，则是从批判梁思成开始。批判俞平伯《红楼梦》研究是两个"小人物"发起的，毛泽东写了《关于红楼梦研究问题的信》，一夜之间"小人物"成了大人物。批梁思成一开始也是两个小人物看好风头挑起的，开始风头很大，还在颐和园畅观堂成立一个批梁写作班子，组织了几十篇（一说一百来篇）批判文章。到后来批判不下去，组织好的批判文章只发表了一小部分，和发起批判不无关系的大人物周扬也说，再批批到我们自己头上来了，爱国主义的大旗，原来还是梁思成扛着。因为当时提倡"社会主义内容民族形式"，"保卫各民族文化传统"的口号不久前还上了社论。这场错误的批判，对思成和徽因的打击非常严重。《建筑学报》第三期出版后下令销毁，学报改组，撤掉了梁、林的学报职务，发表建筑史文章遭到批判，"企图完成一部中国建筑史"也成了一种罪状。一些批判气势凶悍，不容分辩。对古建筑的研究和文物建筑保护也被说成是复古主义，从此很长一段时间，实际上剥夺了思成写作建筑史的权利，建筑史学科也从此一蹶不振。徽因此病危住进医院，思成接连挨批，忍受不住精神上的打击和体力上的摧残，也一病不起住进医院。

一次批判会后，吴景祥陪思成到同仁医院看望徽因。当时她已重病在身，气息奄奄，见到思成，谁都说不出话来，二人只是相对无言，默默相望。吴景祥看了也不觉凄然泪下，那是徽因逝世前不久。

3月31日深夜，徽因忽然用微弱的声音对护士说，她要见一见思成。当时思成就住在隔壁病房，护士回答，夜深了，有话明天说吧。弥留之际她想见见亲人，有话要说竟未说成，4月1日凌晨6时20分，徽因在同仁医院凄然长逝。她虽罹重病，但是生命意志极为坚强，这时才刚过五十，尚在中年。她的逝去，显然是那场完全错误的批判所造成，当时正在批梁高潮之中。

4月1日《北京日报》刊登讣告。治丧委员会由张奚若、周培源、钱端升、金岳霖、钱伟长等十三人组成。4月3日，在金鱼胡同贤良寺举行追悼会，彭真等人送了花圈。遗体被安葬在八宝山革命公墓。墓体由思成设计，人民英雄纪念碑建筑委员会的工程组负责修建，并将徽因为纪念碑设计的雕饰刻样移作墓碑装饰，在其上方刻着"建筑师林徽因墓"。徽因一生"挑起两担云彩"，"带着光辉要在从容天空里安排"。她是卓越的建筑家和设计师，又是杰出的诗人和文学家。1948年以后她不再从事文学创作，墓碑上只称建筑师。"文化大革命"中思成受迫害致死，林徽因墓碑上这几个字也被一一凿掉，成了一座兀字碑。

1998年12月初稿
1999年2月20日改定

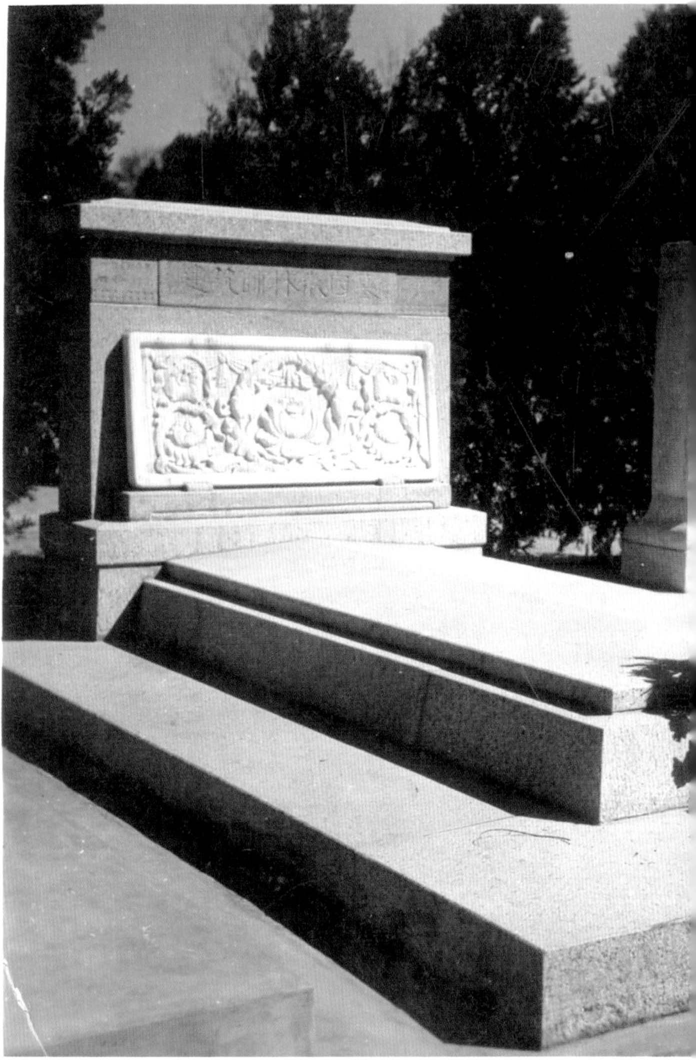

·梁思成设计的林徽因墓和墓碑

（中国营造学社纪念馆提供）

骄傲的辉煌
——林徽音先生和她的建筑世界

* 本文依据曹汛先生手稿,均著「林徽音」。

> 肩头上先是挑起两担云彩，
> 带着光辉要在从容天空里安排。

这是林徽音先生在李庄所作《小诗》中的两句。林徽音先生是卓越的建筑家和设计师，又是杰出的诗人和文学家。她挑起两担云彩，建筑是她擎举的事业和一生职业，文学同样是她的事业和生命的追求。建筑家身兼文学家的，屈指数来，她可是绝无仅有。

林徽音祖籍为福建，1904年生于杭州。父亲林长民字宗孟，早年受业于林纾，与林白水为朋友，后来毕业于日本早稻田大学，学的是政治经济，回国后创办私立福建法政学堂，任校长，辛亥革命后活动于上海、南京、北京等地，成为著名的社会活动家和外交活动家。林长民擅长诗文，工书法，且为人浪漫，有"万种风情无地着"之句，最为传诵。徽音为长民长女，父亲根据《诗经·大雅·思齐》"大姒嗣徽音，则百斯男"的出典，给她取名徽音，犹云懿美之德音。傅玄诗"徽音冠青云"，父亲对女儿抱有很高的期望。母亲何雪媛，后来又生一小女麟趾，未能长大。再小的弟弟妹妹都不是同母所生。母亲在家处境尴尬，在她幼小的心灵中造成阴影。她聪明伶俐，秀外慧中，深得父亲的喜爱。童年时代由大姑林泽民发蒙，和表姐们一起读书，她年龄最小又最调皮，有时似不经意听讲，叫她背诗书又无不成诵。受父亲的影响和姑姑的家教,她喜欢诗文和书法,喜欢思考,她早熟早慧,懂事以后,父亲成了她最崇敬最亲密的知己。辛亥革命后随祖父在上海读小学,随父亲到北京读中学。1920年,父亲官场不得志,被迫去职,以国际联合协会中国分会成员的名义赴欧洲游历和讲学,携徽音同行,行前致函给她说:"我此次远游携汝同行,第一要汝多观览诸国事物增长见识,第二要汝近我身边能领悟我的胸次怀抱……第三要汝暂时离去家庭烦琐生活,俾得扩大眼光养成将来改良社会的见解与能力。"她在伦敦继续读中学,夏天放假随父亲往欧洲大陆旅行,后来考入圣玛丽学院。这期间父亲还带她认识了一批英国的诗人和作家,她读了不少文学名著,常到大英博物馆附近的诗籍铺听人家朗诵新旧诗歌。1921年春天,认识了来找她父亲的徐志摩。徐志摩倾心徽音,产生感情,可她还在未恋和自觉解看花意的时代。他大八岁,又是已婚的男人,还做了父亲。她见过徐志摩的夫人张幼仪之后,同情和怜悯油然而生,她害怕陷入"一大堆人事上的纠纷",决定提前回国,聪明的父亲心领神会,放下一切,毅然陪女儿上船起航。徐志摩是一位浪漫多情的诗人,他热爱朋友,痛恨虚伪。林徽音更是水晶似的清莹透明。坊间传闻和小说把他们的交往写得如何如何,热闹过分。《一代才女林徽因》的作者先在台北推出此书,称作《林徽因传》,副标题竟然是"从徐志摩的灵魂伴侣到梁启超的钦定媳妇",兴奋的热点带着时代的喧嚣、无聊和浅薄。徐志摩有三首诗是写给林徽音的，还有一首《月照与湖》今已不传，他自己都直言不讳。林徽音的诗情绪纷纭，不大容易读懂，有的人只会胡乱猜测。如果仔细寻绎，把林徽音的诗读懂了，就全然不是瞎猜的那样，传流至今的诗作中，仅有一首是写给徐志摩的爱情诗，徐志摩也没有对任何一首诗做出应和。两人成了终生的朋友，徐志摩说他记得他们"交会时互放的光亮"。林长民逝去他写了《伤双栝老人》。林徽音生病时，他极为关怀，多次邀会朋友去一起探望。为了赶来听她的讲演，他乘运输飞机失事丧命，徽音写了散文《悼志摩》和《纪念志摩去世四周年》，诉说自己深情的悼念和怀念。诗人方玮德病逝后，徽音写诗《吊玮德》：

你走了，
你也走了。
尽走了，再带着去
那些儿馨芳，
那些个嘹亮，
……

前一个"你"正是志摩，后一个"你"是玮德，她把他们都当作难得的诗人和亲密的朋友。人非草木，孰能无情，感情层次的微妙,本来是复杂含蓄的,传闻小说上把一些情节渲染得那么细致、那么炽热,又那么"现代",除了傻瓜,稍有头脑的读者都不肯轻易相信,作者自己也未必相信,发发噱头而已。

林徽音1924年参加过新月社欢迎泰戈尔的一些活动,后来出国留学,学成回国后做教授忙于教学,1931年生病在香山疗养,不能忍耐寂寞,开始写了几首诗和一篇小说《窘》。一般认为,林徽音走上文学道路,是由于徐志摩的鼓励和推动,实不尽然。早在1923年,她还是一位中学生,新月社还未挂牌成立的时候,徽音就在《晨报》五周年纪念增刊上,以"尺棰"为笔名,翻译发表了王尔德的散文诗《夜莺与玫瑰》,还以"光明、正义、平和、永久"为主题设计了这个专号的封面。《晨报》的前身是《晨钟报》,本是以梁启超、汤化龙为首的进步党(后改为宪法研究会)的机关报。《晨报》副刊的编辑是孙伏园。归根到底,她是跟着父辈前辈走进文坛的。歌德说,每一个十九岁的青年,都是一个诗人。那年她恰巧十九周岁。对于一位早熟早慧的秀慧女子,若是1931年二十七周岁才开始发表作品,未免是起步嫌迟了。徽音家学渊源,从散文《蛛丝和梅花》的追述来看,她十六岁的时候,已精通中外文学,懂得了人性的细致,跃跃似喜,微风零乱,她能够得心应手地引着"林花谢了春红""庭院深深深几许",咀嚼着"斜风细雨""重门须闭""终日谁来"那样一些中国古典诗词中的情绪,以及"明丽如同单独的那颗星，照着晚来的天""多少次了，在一流碧水旁边，忧愁倚下她低垂的脸"那样一些西方诗句，作中西比较，以至于她的父亲不无骄傲地对别人炫耀说，论中西文学及品貌，当代女子舍其女莫属，父亲又说，"做一个有天才的女儿的父亲，不是容易享的福，你得放低你天伦的辈分先求做到友谊的了解"。

1924年泰戈尔访华，4月到达北京，由讲学社、新月社梁启超、林长民、胡适等人接待，徐志摩、林徽音等参加接待陪同。初到北京那天，林徽音穿扮成印度少女在六国饭店候迎。28日，泰戈尔在先农坛内的草坪上讲演，林徽音搀扶上台，徐志摩作翻译。吴泳《天坛史话》称："林小姐人艳如花，和老诗人挟臂而行，加上长袍白面、郊荒岛瘦的徐志摩，犹如苍松竹梅的一幅三友图。"5月8日，在协和小礼堂，庆祝泰戈尔六十四岁寿辰，文艺节目开始之前，由林徽音饰一古装少女，服装奇美夺目，又有黄子美的六岁小公子饰一幼童，两人恋望新月，宛如画图，全场鼓掌，叹未曾见。随后演出泰戈尔的著名诗剧《契忒拉》，林徽音饰公主契忒拉，张歆海饰王子阿朱那，徐志摩饰爱神玛达那，林长民饰寿神伐森塔。张彭春担任导演，梁思成担任布景。剧本未翻译，演出全用英语。《晨报》记者报道演出盛况，有"父女合演，空前美谈""林女士态度音吐，并极佳妙"等评语。林徽音"一代才女"的美称，就是在这时传扬起来。她热心于戏剧，每有高论，据说梅兰芳发现有林徽音在场，自己都不敢坐下。

这位当代才女，论中西文学当世女子无可比拟的林徽音，按说应该是走进文坛，以文学为终生事业，为什么却又突然决定放弃文学，去学建筑？一般认为是她在英国的时候，女房东（或又一说是房东的女儿）是一位建筑师，受了她的影响，她才坚定地、固执地放下文学，要学建筑。受了见到的一位建筑师的影响，可能确有其事，不过她自己不曾提起，充其量那也不过是一种近因，使她具体地知道了一些当时建筑师怎样工作，要有什么样的素质，以及怎样贡献自己的才智，等等。若是寻找她做出这个重大决定的根本原因，还得看到，早在她出国之前，她对于建筑和文学都有了较深的理解。文学是人学，建筑也是人学，在她看来，文学的描绘在于人和人的情绪，而建筑是人类生活的空间，产生情绪的环境。父亲教导她要报效祖国改良社会，要养成相应的见解和能力。中国传统文化包括儒家思想对她影响很大。杜甫诗云："安得广厦千万间，大庇天下寒士俱欢颜。"元稹诗云："忆年十五学构厦，有意覆盖天下穷。"他们是作比喻，元稹学构厦也不是自己去当建筑匠师，而是学习政事，为社会服务。鲁迅临死时候留下遗嘱，叫他儿子不要做空头的文学家、美术家，那当然是林徽音选择职业以后的事。不过这种认识应该是一种普遍的想法。林徽音喜爱文学和美术，她最终选定了与文学和美术关系最密切的建筑艺术，而不愿意以纯粹的文学和美术为单一的终生职业，不能不说是一个英明果断的选择。她不但自己做出了这样一个决定一生的选择,还影响和推动了梁思成也和她一样做出了自己的选择。梁思成喜爱美术、雕塑和音乐,谢林说"建筑是凝固的音乐"。两个人一拍即合,他们后来爱上中国建筑,爱上《营造法式》,他们结婚的大喜日子也选的是李明仲的一个纪念日,他们生了儿子取名从诫。《营造法式》在古代图书分类中称作史部政书类,即政事之书,能够真的以建筑师作为职业,为人类社会建造广厦,自然是倍感荣幸的事情。

我们应该注意看到,1923年林徽音为《晨报》五周年纪念增刊设计的封面上,就郑重其事地画上了一个钟楼的正立面,那时候她不但已经爱上了建筑,居然无师自通,还能画出钟楼的正立面投影图,瓦垄都是垂直画的,檐口和翼角飞椽也都是规规矩矩的正投影。能画出一座建筑的正投影,对于建筑专业的学生来说,总要在学了投影几何和建筑初步之后。林徽音在这期增刊上发表翻译作品、做封面美术设计,都署了"尺棰"的笔名。尺棰取自《庄子·天下》:"一尺之棰,日取其半,万世不竭。"棰就是杖,庄周的寓喻是个现代数学上称之为极限的概念。《夜莺与玫瑰》写的是夜莺为了帮助一个青年得到一朵红玫瑰,便彻夜歌唱,以她的胸口,抵住玫瑰的刺,一边痛苦地流血,一边快乐地歌唱,直到天明染红了玫瑰,她自己在快乐和痛苦中死去为止。这个故事很美丽又很浪漫,我国有个杜鹃啼血的故事,大同小异。徐志摩后来才在《猛虎集》的《序文》中说:"有一种天教歌唱的鸟不到呕血不住口","诗人也是一种痴鸟","口里唱着星月的光辉与人类的希望,非到他的心血滴出来把白花染成大红他不住口。他的痛苦与快乐是浑成的一片"。那时已是1931年。林徽音翻译《夜莺与玫瑰》用了"尺棰"为笔名,显然是永无止境地追求激励自己的意思,表达了一种献身精神。而这时她已经下定了决心,要学建筑,不是一心想做啼血歌唱的诗人。那么,尺棰的"日取其半",是不是同时又使她想到把精力和才情分作两半,从事建筑,兼搞文学,"挑起两担云彩"呢?这个问题很耐人寻味。至少,她学了建筑以后,并没有忘掉和扔开文学。1928年她毕业结婚后和梁思成一起到欧洲参观游历旅行度假。7月6日夜晚他们游历了格拉纳达的阿尔罕布拉宫,那是来自北非的柏柏尔人建立的伊斯兰王国的宫殿遗存。建造这座王宫的时候,柏柏尔王朝已经臣服于西班牙天主教君主,屈辱求存。林徽音可能会联想起南唐李后主降宋辞别故宫"四十年来家国,三千里地山河","最是仓皇辞庙日,教坊犹奏别离歌,垂泪对宫娥"那样一种凄惶的情绪。于是她写了一篇散文《贡纳达之夜》,可惜至今也还不知道发表了没有,发表在什么刊物上。这年秋后,她回到祖国,和梁思成一起接受东北大学的聘请,准备去创办建筑系,先回福建探亲。探亲期间应邀到福州乌石山第一中学讲演《建筑与文学》,又应邀到仓前山英华中学讲演《园林建筑》。她学成建筑之后,写出的第一篇文章是关于建筑的游记散文,所作的第一个讲演又是《建筑与文学》，可见文学在她心目中的地位。园林艺术讲究诗情画意的写入，诗人文学家对园林艺术的发展做出过自己的贡献，山水园与山水诗几乎同时兴起，园林史上还有一个诗人文学家独领风骚主导造园艺术潮流的时代。造园艺术的手法也和文学创作相通，钱泳云："造园如作诗文，必使曲折有法。"袁枚《答人问随园》诗云："闲鹤疏篱手自栽，更添鹿寨傍西斋。亭台不厌千回改，毕竟文章老更佳。"汪春田《重葺文园》诗云："换却花篱补石阑，改园更比改诗难。果能字字吟来稳，小有亭台亦耐看。"林徽音刚走出校门，给人讲了《建筑与文学》和《中国园林艺术》，她讲园林艺术，当然也离不开建筑与文学。建筑和文学同是民族文化的结晶，同是民族文化的象征。闻一多说："我所爱的是中国的山川，中国的屋宇，中国的鸟兽草木，和中国的人。"建筑是人学，文学当然也是人学。建筑的空间意蕴，能够陶冶文学的情绪感受，文学的情绪感受反过来也能使建筑的空间意蕴升华。在这方面，才华过人，具有诗人气质的林徽音显然早早就有了自己独特的领悟。"此意别人应未觉，不胜情绪两风流。"她在较早的一篇文章中就提出了"建筑意"的问题，紧接着写出那篇著名的《窗子以外》，又和思成一起署名写出了《晋汾古建筑预查纪略》，直逼经典名著《洛阳伽蓝记》和《洛阳名园记》。对照她稍后写出的《蛛丝和梅花》追述她十六岁时已经发出的关于建筑与文学的情绪领悟和联络，和十九岁时的署

"尺棰"笔名,我们不妨认为,林徽音早早就选定了建筑与文学的事业,早早就想到要"挑起两担云彩"。

　　林徽音的性格坚强倔强、一往无前。她想了就要说,说了就要做。她拉上思成一起登上远洋航船,到太平洋那一岸学建筑去了。当时宾夕法尼亚大学建筑系不收女生,她只好读美术系,旁听和选修建筑系的课程。千万不能认为,这位我国现代第一批建筑师之一,又是第一位女建筑师,后来成了数一数二的建筑学家,居然还没有正式的建筑学专业的学历。她确实毕业于宾大美术系,获美术学士学位,但是她才智过人,不但同时读了美术和建筑两个专业的课程,而且很快在建筑学课程的学习中崭露头角,成了出类拔萃的好学生。一位美国教师夸奖说,菲理斯(她的美国名字)的建筑图画得棒极了!为此,在1926年二、三年级的时候,她被破格聘任为建筑系的兼职助教,同一年,因为教学业绩突出,随后不久又被提升为兼职讲师。看来宾大也爆出一件咄咄怪事,建筑系那么严厉,不收女生,半路上却出尔反尔请了外系的女生来做建筑系的兼职教师,并且还由助教升为讲师,临毕业的时候,系主任甚至还想把她留下来。求学的时候,她心里还一直装着文学,还有她一向喜爱的戏剧。1925年1月,她和思成以及当时在美国留学的余上沅、闻一多、梁实秋、熊佛西等人组织了中华戏剧改进社,致信请国内新月社同人参加,并提议在北大开办戏剧传习所,等条件成熟时成立北京艺术剧院。徐志摩、张彭春等十分赞同这些意见。后来先她回国的余上沅和徐志摩、宋春舫等人在上海组织起"中国戏剧社",因为她还未回国,在发表的社员名单中一时被列为"待征同意者"。她学美术也很投入。宾大建筑系主任克瑞和教设计的教授斯敦凡尔特,都曾在巴黎美术学院深造过,克瑞还曾在包豪斯任过教。他们主张建筑艺术和美术的融合,是当时欧美最有影响的学院派主流,很受学生崇拜。思成后来主张建筑、雕塑、绘画应成为三位一体的环境艺术,三者都应当转向与工艺的结合,像包豪斯所提倡的那样:"艺术不是一种专门的职业,艺术家和工艺师之间没有根本的区别。"我们今天应该注意的是,林徽音的小说《钟绿》中的主人公曾经说:"所谓工业艺术你可曾领教过?"小说中的钟绿是徽音在美国读书时的同学,当时正是包豪斯学院最兴旺的时期。这个迹象表明,林徽音早早就接受了包豪斯的思想,不但主张建筑与雕塑、绘画的结合,还主张建筑设计和工业艺术的结合。她和思成在1928年创建东北大学建筑系的时候,思成教过雕塑史,徽音教过雕饰史;1946年,思成为清华大学营建系拟定的课程草案,还提出要设立工业艺术系科。林徽音一生做过服装设计、徽标设计、封面刊头设计、舞台美术设计、景泰蓝工艺和美术设计、烧瓷工艺和美术设计等等,直到最后主持做出了国徽设计。我们今天显然应该把她这些方面的业绩,归类于她的建筑事业的业绩中去。

说起徽音、思成他们那一代人的出洋留学，不能不提到又一个有趣的插曲。1935年，林徽音写了一篇非常重要的小说《吉公》，独具慧眼的金岳霖称它是徽音最好的小说。小说写到二三十年前一个老派旧家族出身的吉公，反对旧式科举，说是尽念古书不相干的，洋人比我们能干，就为他们的机器。吉公自己无师自通摆弄各种机器，照相机、自鸣钟，甚至洋枪，一边议论洋船洋炮和洋人的事情，还想到上海去看大轮船。小说最后说："要偿补给吉公他一生的委屈，这下文的故事，就应该在他那个聪明孩子和我们这个时代上。"这篇小说好像是在和鲁迅的《孔乙己》作比试对照，到了林徽音他们这一代人的出国求学，正是这"老朽的国家"的需要开放的时代使命。出国去学建筑是她的上上选择，虽然没有正式念上建筑系，也算不上挫折。她有一次给胡适写信，称在美国读书是"精神充军"，她想念祖国，想念北京，"旅居的梦魂常常绕着琼塔雪池"，甚至托胡适要凌叔华帮忙，照几张景山之后北海旁边的雪池胡同——她家旧宅的照片寄来。她在后来那篇著名的散文《窗子以外》中突然说了一句："洋鬼子们的一些浅薄，千万学不得。"1928年她和思成到加拿大结婚，她不肯穿西方流行的婚纱，自己设计一套具有中国和东方色彩的结婚礼服，引起当地的震惊。这虽然是一件小事，若是现在想一想，如今年轻人结婚，无论是留过洋的、没留过洋的，读过大书的，和没读过大书的，不全都是清一色的学洋人穿白纱吗？那些从美国学了一点城市规划、交通规划的洋博士，非得要把纽约、华盛顿的摩天高楼和笔直马路搬到北京不可，有人慨叹说，北京除了脏一点、乱一点以外，已经很像美国的大城市了，他们还嫌不够，还吓唬我们老百姓说什么美国的城市交通面积占40%，照他们看来，北京还拆得远远不够，还得建大量大量的直而又宽的马路！现代人的浅薄和崇洋媚外，比起20世纪二三十年代来居然有那么大的反差，时代诚然是前进了，人们的锐气志气为什么却又退步了呢？林徽音若不是英年早逝，能活到现在这一段，她会做怎样的感想呢？这个问题只能就此打住，还是让我们摸一摸自己的脊梁和脑壳吧。

林徽音在宾大读完了美术学院本科，又旁听选修了建筑系的课程，建筑系的主任想把她留下来，下半年读了美术又向往演艺界的林徽音进入耶鲁大学戏剧学院，在G.P.柏克教授的工作室学习舞台美术设计六个月。思成以硕士学位毕业于宾大建筑系，决定到哈佛大学研究生院研究东方建筑。西方国家可以用于研究东方建筑尤其是中国建筑的资料很少，思成非常失望，便急于回国了。他们按着梁启超的意愿，经过欧洲，并取道西伯利亚大铁路回国。学而时习之，不亦说乎，他们就这样同游了大半个世界，他们游历了各国的新老建筑，把学到的建筑和建筑史知识，做了一次美美的认识实习，饱看了一遍。

对林徽音一生业绩的评论，虽然不是很多，但是所有评论都一致认为,她和梁思成一样,是融会中西,贯通古今,并且进而提到,他们才华横溢,贡献突出,对事业的献身精神,更感人至深。他们受了中国传统教育和西方现代教育,说他们融会中西,贯通古今,诚然是很对的。不过若是进一步探讨,似乎还有更深的层次。就以文学为例,徽音在《蛛丝和梅花》中说,我国的旧诗伤愁太多,寂寞太滥,常失却真实。西洋诗恋爱总站在前头,月是为爱,花也是为爱,即便全是真情,也未尝不太腻味。她的眼光不低,抱负不浅,不仅仅是个融会贯通中西古今的问题,或者也可以说,她的融会贯通,是为了有更高的起步,有更高的创作追求。她写这些话的时候,还是追述十六岁自觉解花感美感恋时的情绪,写出来的时候,已是1936年的新年,她已经发表了不少脍炙人口的好诗,引起了世人的注目和文坛的敬重。这以后不久,出版界已正式预告要为她出诗集。这以前不久,她刚刚写了《纪念志摩去世四周年》,文中写道:"我还记得你要印诗集了时我替你捏一把汗,老实说还替你在有文采的老前辈中间难为情过。"轮到她自己出诗集的时候,她一定不会觉得难为情的。徐志摩出过诗集且以诗人终,对新诗的发展自有贡献和影响。林徽音的诗,其实也不在徐志摩之下。诗是文学的奥秘,也是林徽音的奥秘,她的诗作以及她整个的文学活动、文学创作,我们千万可得读懂才是。

后来成为美国著名中国问题学者的费正清和夫人——研究

中国古代艺术的学者费慰梅,一见了林徽音便钦佩得五体投地。费慰梅说她"是当时你遇到的人中能够向任何方向发展的艺术家","她可以是一位杰出的设计师、艺术家和诗人,那时她也写散文,是一个很有才华的建筑师和非常有魅力的女子。她美貌、活泼、可爱,和任何人在一起总成为中心人物"。费慰梅还说,当她后来回顾那些久已消失的往事时,林徽音那种广博而深邃的敏锐仍然使她惊叹不已。"她的神经犹如一架大钢琴的复杂的琴弦。""她身上有着艺术家的全部气质。她能够以其精致的洞察力为任何一门艺术留下自己的印痕。""她的谈话同她的著作一样充满着创造性。话题从诙谐的逸事到敏锐的分析,从明智的忠告到突发的愤怒,从发狂的热情到深刻的蔑视,几乎无所不包。""当她侃侃而谈的时候,爱慕者们总是为她那天马行空般的灵感中所迸发出来的精辟警句而倾倒。"费慰梅可以说是一位难得的异国知音。托马斯·哈代说过,"山,我们爱蹬高的。人,我们为什么不愿意接近大的?"费慰梅那些深情的话语,如果她能更深刻地掌握中国文化的精髓,也许就会借用"历抵诸方,如汗血驹,所至蹴踏,万马皆空"那样一类的话来形容林徽音吧。林徽音被人称为中国的曼斯菲尔德、八百年后的李清照,岂但睥睨巾帼,直欲不让须眉,被称为"一代才女"。岂止如此,她的超卓绝人,真可说是千古奇士,前不见古人,后不见来者,这样的人才而未能尽得施展,我们只有念天地之悠悠,怆然而涕下的份了。

林徽音的一生可以向任何一门艺术领域中发展，在任何一门艺术中留下印痕。我们综观林徽音短暂的一生，她涉及建筑学、美术和工艺美术、诗歌文学和戏剧等等，细分之，仅仅在建筑学方面，她已是一架复杂的钢琴，她的建筑学的业绩，涉及建筑设计、建筑历史、建筑理论、建筑美学、建筑装饰、城市规划、文物建筑保护、古城保护、建筑教育，以及独特的建筑与文学，还在学校和社会上作了一系列的演讲。在美术和工艺美术领域的业绩，涉及雕塑和雕塑史、雕饰和雕饰史、服装设计、徽标设计、书籍封面和报刊刊头设计、舞台美术设计、景泰蓝工艺和美术设计、烧瓷工艺和美术设计、生活起居日用品和礼品设计、广告设计，以及为美术院校为美术界培养研究生等等。在文学领域，她是一位有独特风格和魅力的诗人，又是炉火纯青的散文家，她的诗作和散文，篇篇是佳作。她写的小说不多，只有六篇，但是其中的《窘》《九十九度中》《吉公》《文珍》，都是难得的佳篇名作。她热心戏剧活动，虽然只写了一个剧本，还未写完，可是潜力很大。尤其难得的是她还非常关注文学创作理论，有不少精彩的论述。《大公报》请她一个人编选《〈文艺丛刊〉小说选》，请她和一些著名的前辈一起参加评选小说奖，良友图书公司请她推举短篇小说佳作。她关心扶植文艺报刊，热情发现和鼓励新秀，北总布胡同三号她的客厅一时成了人们向往的文学沙龙。她曾邀请素不相识的文坛新秀卞之琳、萧乾、李健吾等到家里畅谈，他们后来成了著名的诗人、作家、评论家，终生都在感激着林徽音。此外她还在大学的英文系兼过课，讲授英国文学，一个人的精力能有多少，一个人一生能有多少顺畅的好时光？她涉及这么多的文学艺术领域，我们怎么样来拢总？怎么样来把握？林徽音在1947年病中写了一首无题小诗，有这样的两句：

肩头上先是挑起两担云彩，
带着光辉要在从容天空里安排。

这"两担云彩"是她自己的概括。"两担云彩"无疑指的是建筑与文学两个方面。其实她一身诗意，"且有神仙纷纭的浮出紫烟，衫裾飘忽映影在山溪前"。她一生都是纷纭的云彩，概括成建筑与文学两大方面两大类，也还是非常贴切非常明确的。建筑是一生擎举的事业，是实现生命的；文学是她的精神田产，也是实现生命的。"两担云彩"的归类，最为精彩。

她学成归国以后，按她一生的经历和山河岁月的历史推移，一共可分为五段时期：

一、1928年至1930年，东北大学时期；

二、1931年至1937年，北平和营造学社前期；

三、1937年至1945年，抗战时期在大后方昆明及李庄营造学社后期；

四、抗战胜利后复员回北平清华大学时期；

五、新中国成立后。

林徽音担起"两担云彩"，在建筑世界里"骄傲的捧出辉煌"，主要是20世纪30年代北平营造学社前期，40年代李庄营造学社后期，和新中国成立以后清华大学时期。在文学天地里纷纭光彩，主要是1931年至1937年这一阶段，取得了辉煌的成就，抗战时期在昆明和李庄仍然有诗作和散文发表，抗战胜利后病中写了《恶劣的心绪》和回忆半生不顺的诗，并且整理了一些旧日诗作发表。1949年以后完全告别了文学创作。

1928年至1930年，她和思成创办和执教东北大学建筑系，开始头一年，只有他们夫妇二人，创业维艰，拳打脚踢，后来来了陈植、童寯、蔡方荫等干将，紧张的情况有所缓解，他们还组织了梁陈童蔡建筑事务所，徽音协助思成做了两项设计工作，张学良兼任校长悬赏征求校徽图案，林徽音设计的"白山黑水"图案中奖。她在东北大学教过建筑设计、雕饰史、专业英语等课程，深受学生的爱戴。因为气候酷寒，不幸得了肺病，身体一天天瘦弱还在带病工作，直到1930年放寒假才查出来，病情已经很严重，需要放下工作和一切，住院或到山上疗养。1931年3月，徽音到香山养病，借住熊希龄的双清别墅。6月，思成应朱启钤之聘，到中国营造学社任职，初为研究部主任，后为法式部主任。

香山养病期间，徽音不能忍受孤独，她的情绪纷纭联翩，开始写诗。最先是4月在《诗刊》上发表《"谁爱这不息的变幻"》，同时又以"尺棰"为笔名在同一期《诗刊》上发表诗作《仍然》和《那一晚》。一个人三首诗用两种署名也是一桩趣事。前文说过早在1923年，她在为《晨报》五周年纪念增刊设计封面，和在增刊上发表翻译王尔德散文诗《夜莺与玫瑰》的时候，就已用"尺棰"为笔名了。尺棰用的是"一尺之棰，日取其半，万世不竭"的典，《夜莺与玫瑰》歌颂的是生命不息歌唱不止的献身精神。现在她发表《"谁爱这不息的变幻"》，正是一种生命意识的赞颂，她热爱生命和生命的流程：

但谁又能参透这幻化的轮回，
谁又大胆的爱过这伟大的变幻？

下一年7月，她又发表诗作《莲灯》："这飘忽的途程也就是个——/也就是个美丽美丽的梦。"希腊哲学家赫拉克利特说，人不能两次踏进同一条河流，差不多同时的孔夫子在河边上发出"逝者如斯夫"的感叹。林徽音是把天地万物的变幻不息和人生途程飘忽短暂这样一种永恒哲理的妙悟，用诗人的情绪语言表达出来。她这些纷纭的情绪，正是和她自取"尺棰"为笔名有着一种深刻的联系。接着她又在这一年的《诗刊》第三期上发表了《笑》《情愿》《深夜里听到乐声》《一首桃花》等诗，又在5月写成《激昂》，发表在丁玲主编的《北斗》创刊号上。6月写成第一篇短篇小说《窘》，发表在《新月》上。南山风鸟总要飞鸣，不鸣则已，一鸣惊人。这一年这几首诗作和小说的发表，立即引起文坛的注意。如果说1923年发表作品是小试锋芒的起步，作为诗人和文学家的林徽音，现在又迈出大步。作为建筑学家的林徽音，发表建筑文章，还在一年以后，这一年之差，无关紧要。1931年10月徽音下山之后，第二年春天又犯了病，不得不再上香山。她的第一篇建筑学论文《论中国建筑之几个特征》是1932年3月发表的。4月，思成调查发现蓟县独乐寺；6月，调查发现宝坻三大士殿，这才进入全面调查寻找华北古建筑的开天辟地阶段。6月徽音在香山养病，大概在7月、8月间，思成陪她在香山附近西山一带调查卧佛寺、法海寺、杏石口等地古建筑，随即写成《平郊建筑杂录》，发表在《中国营造学社汇刊》第三卷第四期上。这是一篇用诗人的语言、诗人的审美情绪写出来的建筑调查记，虽然两人共同署名，细心的读者也会看出，这篇文章的格调语气显然是林徽音的风范，况且文中还有"告诉我""我还不能答复"一类文句，用的是"我"而不是"我们"。诙谐幽默的思成，后来在什么场合说起：人家都说文章是自己的好，老婆是别人的好。我可要说，老婆是自己的好，文章是老婆写的好。虽然是一时笑谈解嘲，却是一语妙中，而且语重情长。

这篇文章第一次提出"建筑意"的命题，文中开篇的总叙便说："这些美的所在，在建筑审美者的眼里，都能引起特异的感觉，在'诗意'和'画意'之外，还使他感到一种'建筑意'的愉快。""顽石会不会点头，我们不敢有所争辩，那问题怕要牵涉到物理学家，但经过大匠之手泽，年代之磋磨，有一些石头的确是会蕴含生气的。""无论哪一个巍峨的古城楼，或一角倾颓的殿基的灵魂里，无形中都在诉说，乃至于歌唱，时间上漫不可信的变迁；由温雅的儿女佳话，到流血成渠的杀戮。他们所给的'意'的确是'诗'与'画'的。但是建筑师要郑重郑重的声明，那里面还有超出这'诗'、'画'以外的'意'存在。"费慰梅曾经说过，林徽音的谈话同她的著作一样充满了创造性。"话题从诙谐的逸事到敏锐的分析，从明智的忠告到突发的愤怒，从发狂的热情到深刻的蔑视，几乎无所不包。"《平郊建筑杂录》这篇文章正是这样，讲到卧佛寺的现状时，作者这样写道："说起受帝国主义的压迫，再没有比卧佛寺委屈的了。卧佛寺的住持智宽和尚，前年偶同我们谈天，用'叹息痛恨于桓灵'的口气告诉我，他的先师老和尚，如何如何的与青年会订了合同，以每年一百元的租金，把寺的大部分租借了二十年，如同胶州湾、辽东半岛的条约一样。""其实这都怪那佛一觉睡几百年不醒，到了这危难的关头，还不起来给老和尚当头棒喝，使他早早觉悟，组织个佛教青年会西山消夏团。虽未必可使佛法感化了摩登青年，至少可借以繁荣了寿安山……不错,那山叫寿安山……又何至等到今年五台山些少的补助,才能修葺开始残破的庙宇呢!"这篇文章出手不凡,石破天惊,可惜建筑界的读书人历来不是很多,现代的青年学生只习惯于把自己训练成平庸的画图匠,不知道这种活泼思想和妙手文章,在培养自己基本素质和修养的过程中,该是多么重要的精神营养。不用说醍醐灌顶,就是雉膏不食,只要闻一闻嗅一嗅,受些熏陶,也会使你产生香生九畹美动七情的感觉。大读书人黄裳在后来的回忆中曾经热烈地赞扬林徽音这种建筑散文,林徽音逝去以后,一些建筑界的老先生无限感慨地说,建筑界再也没有人能写出林先生那样的文章来了。这次在北平西山一带的旅行和考察,是她第一次户外实地调查,还没有离开北平郊区,又在香山中休假时间,也不在营造学社的计划之内。但是她显然非常高兴。徽音自工作以后,20世纪30年代挑起建筑与文学两担云彩,几乎是同时同步。人们注意到林徽音20世纪30年代的诗歌创作是从香山发祥的,许多抒情诗都写了香山或与香山有联系,她第一次做野外建筑实地调查,又恰巧也是从香山出发的。1933年9月,徽音与思成,以及刘敦桢、莫宗江再加上一位仆人,到大同考察上、下华严寺和善化寺辽金巨刹,并且到云冈考察著名的北魏石窟寺,这是她第一次离开北平远行到外地调查古建筑,然后她返回北平,思成和莫宗江前往应县考察测绘佛宫寺辽代木塔。云冈考察后她与思成及刘敦桢一起写了《云冈石窟中

所表现的北魏建筑》一文。这次考察旅行使她见到外地的世面，感触甚深，她写了《微光》一诗，

街上没有光，没有灯，
店廊上一角挂着有一盏；
他和她把他们一家的运命
含糊的，全数交给这黯淡。

她写的"街上"是大同，这个辽金的西京重镇，现在是这副样子，自己的老国家老种族走向孱弱，她油然产生一种对于下层民众的怜悯，表达了一种民胞物与之情。歌颂了生命之光，和"支持那生的胆量"。她也非常希望能去考察测绘应县木塔，因为家里不能离开太长时间，她只能满怀激情写了一篇《闲谈关于古代建筑的一点消息》，寄托她会心的神往，她把思成寻找古建筑形容成作侦探，描绘了思成对应县木塔朝思暮想如醉如痴的情状，是一篇非常独特非常有趣的散文。这样一个题目她本来还想继续写下去，发表时候标题之下赫然标有（一）的字样。林徽音不仅仅是一位善于抒自己之情的高洁优雅诗人，她的诗也曾描写社会的层面，以自己的诗歌描写社会，似自此始。这一年的秋天，林徽音还曾随思成到正定考察。1934年夏天，她和思成要到北戴河休息度假，邀请费正清夫妇一起去，费正清夫妇却邀他

们一起去汾阳峪道河去，他们的朋友哈默在那里有一处别墅。汾阳离赵城不远，营造学社本来有去赵城考察的计划，于是他们四人结伴作晋汾之游，赶上那边修路，只有一段能坐大车，大部分跨骡驴甚至步行，蹚泥过水，摸黑爬山，晚上住宿在破庙大殿里面，甚至露宿廊下，一共走过太原、文水、汾阳、孝义、介休、灵石、霍县、赵城等县，调查勘察古建筑不下三四十处。林徽音参加寻找古建筑精华的考察，不是跟着看看转转，而是一起里里外外、上上下下，从整体造型到细部构造，从构架体系、斗拱源流，一直到雕塑壁画以及经幢碑刻，测绘记录摄影，争着干各种力气活，并且还和男人一样，不怕登高履险，经常爬梁架、钻天棚、上屋顶。正定考察留下一张她在正定开元寺钟楼大屋顶上的照片，还提着工作包，现场没搭脚手架，真不知道她是怎样爬到那个高处去的。在一到汾阳，作外出准备的几天，她住在汾阳峪道河的一座废弃了的旧磨坊里，赶写出那篇著名的散文代表作《窗子以外》，这篇文章后来被选入西南联大编的国文课本。这年这次旅行，她还写了一篇异常短小却又非常精彩的书信体散文《山西通信》，也许原本就是写给老朋友比如说沈从文的信，朋友爱不释手，觉得应该让天上明月天下共赏，世间好事世人共享，这才拿出来在《大公报》上公开发表的吧。《窗子以外》是林徽音最长又最有代表性的散文，简直是以一种菩萨心肠写出了她对形形色色的所谓下等人的同情，从城里家里看到接触到的送煤、送米、卖菜的，自来水、电灯电话收账的，厨子、保姆、洋车夫，到内地更淳朴的乡下人的人情风俗和他们的生活分量。她带着一种慈悲的同情写着他们这些芸芸众生，表达一种渴望沟通而使人类平等的志向，和那首题为《微光》的诗，正有着异曲同工之妙。这篇五六千字的散文，头绪纷纭，却又是信手拈来，头头是道，表现了极大的功力。文中说前天在路上如何如何，昨天在村里如何如何，明白地告诉我们，这篇醇和丰厚的文章，原来是刚到峪道河住下两三天就干净利落地写出来了。山西归来不久，她又风风火火陪思成一起赴浙江杭州及宣平、金华等地，归途乘火车经过徐志摩故乡硖石，引起感伤，促使她再次撰写纪念死友的文章。1935年林徽音病又犯了，医生让她休息几年，她只要求休息几个月，不住院不上山，请了一位护士住到她家里。这一年她未能外出调查，在家里忙于文学创作。美国城市规划专家斯坦因前来拜访，思成刚好到上海举办中国建筑展览去了，徽音陪斯坦因和他的妻子麦克马洪游览了颐和园，对"园中园"的谐趣园非常喜爱，后来追忆，写了一首动人的小诗《去春》。

1936年5月，林徽音率助理刘致平、研究生麦俨曾测绘北海静心斋建筑，这又是一种园中小园，她一直很喜欢，于是写了《藤花前——独过静心斋》一诗。在这稍前，她已经写了一首《静院》，描写"一种庭院里特有的情绪"。测绘静心斋之后，紧接着在5月下旬，徽音与思成以及刘敦桢会于洛阳，共同调查龙门石窟取得圆满成果之后，经开封等地顺途考察，即赴济南，会同研究生麦俨曾调查山东古建筑，历经历城、章丘、临淄、益都、潍县、长清、泰安、滋阳、济宁、邹县、滕县等十一县。这次山东考察使她伤心失望，山东各地的历史建筑破坏殆尽，"好像满有希望，结果是一无所得"。许多庙宇"统统毁光"。她给亲人写信说每天汗流浃背地跋涉，走路工作又在最热的时间里。旅途中整天被跳蚤咬得慌，坐在三等火车中又不好意思伸手在身上各处乱抓，结果浑身是包！条件虽然这样艰苦，调查收获又不大，与山西晋汾之游大不相同，一山之隔两省古建的存留有天壤之别，但是她的情绪依然很高涨，《旅途中》一诗中说：

我卷起一个包袱走，

过一个山坡子松，又走过一个小庙门，

在早晨最早的一阵风中。

我心里没有埋怨……

山东考察旅行她写了一些诗，《旅途中》明确注出"暑中在山东乡间步行　二十五年夏"，《黄昏过泰山》虽然没有注明，无疑也是 1936 年夏天山东之行所作。

1937 年 5 月，思成应邀赴西安研究小雁塔的维修，徽音同行，一道考察了西安及附近各县的古建筑，又去了西安以北耀县、澄城、韩城、朝邑四县，考察了耀县药王庙石窟等。徽音和思成一直向往去敦煌，思成甚至说过，一步一个头也要叩到敦煌去，那是一个唐代文化的圣地。此次西行，原本打算自西安去兰州再去敦煌，实现他们的梦想，但是当时西北的形势一度似乎紧张，要有军部的证明才能放行。梦想不能成真，我们猜不出他们是怎样的失望，怎样的捶胸顿足，扼腕叹息，不知道他们发出了多少长吁短喟，流了又止了多少伤心的泪，现在还保存下来一张徽音遥望敦煌方向的照片，她伫立西望，脸色低沉凄苦，怅惘无限……自陕西回到北平以后，他们立即打点行装，出发去五台山，寻找佛光寺去了。

日本人的狂傲，断言中国再也不可能有唐代木构建筑的遗存了，中国人要看唐代建筑，只能到他们的奈良去。思成则一直坚信，中国必定会有唐代木构建筑的遗存，他始终不曾动摇这个信念，他阅读伯希和的《敦煌石窟图录》时，注意到第61窟宋代壁画五台山图中有"大佛光之寺"和其他一些大寺院的描绘，又在北平图书馆的《清凉山志》中查到佛光寺等寺院的记载，他推测，佛光寺不在台怀中心区，由于交通偏僻，香客不多，寺僧穷困，没有力量推倒重建，比较有利于古建的保存。他们从西安耀县经潼关返回北平之后，立即带莫宗江、纪玉堂二人一起赴五台山寻找佛光寺去了。

去五台山走南线要经过太原，乘火车过榆次，徽音在车窗里无意之中发现了榆次雨花宫,因为修正太铁路,在雨花宫门前经过,山门已被拆掉,只剩大殿孤零零地面向着铁道,徽音他们从历年的考察经验断定,这座庙宇有不可放过的价值。车到太原,立即南返,利用等待办手续的时间,调查测绘了这座北宋早期建筑。这座建筑设计干净利落,构架简洁明朗,是一个重要发现。自太原北行乘了一小段汽车,然后只能乘骡轿进山,继而只能乘骡驴,甚至只能牵着骡驴,全靠步行。几百里的艰难跋涉和寻找,算是皇天不负有心人,终于在五台县的豆村,找到了这座佛光寺。佛光寺不仅保存下来一座唐大中年间原装的五开间金厢斗底槽的木结构大殿,殿内还保存有唐代泥塑、唐代壁画,梁架上保存有唐人墨书题记,大殿前还存有两座唐代石幢,集五种唐代文物于一处,并且是同一个年代。梁上的唐人墨书题记还是徽音细心发现小心翼翼一点一点擦洗显现出来的。发现了唐代木构建筑佛光寺大殿是他们作侦探寻找古建筑的最大最重要的收获,是他们古建筑调查研究的最高成就。确证了佛光寺大殿建于唐大中十一年(857)这个年代之后,他们高兴得发狂发疯,那是给了日本人那种恶语狂言的迎头一击。那天天色晴朗,佛光寺大殿坐东朝西,临收工的时候夕阳西下,映得大殿及殿前整个庭院一片霞光,他们沉浸在一片吉祥欢乐之中,仿佛真有了什么应验看到了佛光一样,那大概正是他们心中梦寐以求的灿烂的唐代文化的光辉。他们把带去的全部应急食品,饼干、罐头、沙丁鱼、牛奶等统统打开吃光，高高兴兴庆祝了一番。殊不知这时山外面的世界，在北平西南卢沟桥畔，日本人已经全面地挑起了侵略中国的罪恶战争。到7月12日他们出山走到代县那个能看到报纸的代北小城，才知道了这个可恨的消息。找到唐代木构建筑，他们给中国人争了一口气，在这件事上打败了一次日本人，日本人的全面入侵，却打破了他们的一切美丽理想，摧毁了他们从事建筑事业刚刚进入的高潮顶峰。

徽音和思成一贯主张广义的建筑学，把建筑、雕塑、绘画融为一体，还主张吸取包豪斯设计学院的长处，把工业设计工艺美术设计、融入建筑学中。作为建筑家和设计师的林徽音，在20世纪30年代这六七年当中，在建筑史和建筑理论、建筑美学研究、古代建筑调查等方面取得重大成就的同时，在美术设计方面，也有不少重大收获，取得了一些重大成果。早在1923年她就为《晨报》五周年纪念增刊设计过封面，1929年设计东北大学校徽，都在这一段时间之前，可以不论。1934年，一批北平的知名教授和学者办了一个《学文》月刊，引用"行有余力，则致以学文"的典，表示业余性质，却又好像是与上海最有影响的《文学月刊》开了个玩笑。《学文》月刊的封面是请林徽音设计的，封面线条简单明快，线条图案用了汉代画像石的意蕴，把气势恢宏的汉代建筑雕饰图案用作文学刊物的封面，自然也寓有提倡和鼓舞当代创作吸收汉代文化和文学艺术那种气势雄深雅健的命意。

1935年，徽音又利用生病休假期间，应朋友之邀为天津《大公报·小公园》副刊设计刊头，在选材和布局上与思成轮流讨论草稿，一个小小犄角刊头，也一丝不苟，竟然做了三天，画面上又用的是汉代雕刻纯粹中国创造艺术的最高造诣，她说是用来鼓励创作前途。"有点吉利"，说的是希望它能起到鼓励创作的作用，用意可谓良深。1937年，北平的一批知名教授学者创办《文学杂志》，那也是20世纪30年代一个非常重要的刊物，据说商务印书馆还曾想要用它来代替《小说月报》。《文学杂志》创刊，又请徽音设计封面。她的设计只用了一组简单粗犷的线条，几个典雅正宗的仿宋体字，正中是一个"双鱼抱笔"的图案。人们一直都说是双鱼抱笔，好像是为了鼓励创作的鲜活？一向出手不凡的林徽音也许还有更高的命意，仔细寻味，我才发现，她原来用的是《庄子·秋水》篇，庄子、惠子在濠梁之上观鱼，讨论鱼游鱼乐的典故。她主张文学创作写真实，表达真实的情感，传达给别人，《文学杂志》用了这个寓言做图案立意深刻，整个封面设计典雅大方。创刊号之后，第一卷第二期、第三期封面，还是用的鱼乐绕笔的图案，虽不是违反原来的构思，但是文字排列组合，整个版面款式的布局已较零乱，显然是别人照创刊号沿袭套用下来。这样两厢一比较，大师的手笔和他人套袭的差别，便立即显现出来了。《文学杂志》创刊号的封面设计是林徽音封面设计的一个代表之作。看似平常，其实最为精彩奇绝。

这段时期林徽音还做过一次舞台美术设计，并且轰动一时，对戏剧舞台美术的发展，起了推动作用。1935年12月，天津南开校友会为冬赈筹款，在南开中学瑞庭礼堂公演根据17世纪法国喜剧家莫里哀的《悭吝人》改编的《财狂》，由张彭春导演，万家宝（曹禺）主演，特请徽音为作舞台美术设计。徽音历来喜欢戏剧事业，认为戏剧是艺术的艺术，容纳着多种艺术门类，尤其是为人生的艺术。她本来又是一位可以向任何一门艺术发展的奇才，在美国求学期间，还专门学过舞台美术设计。张彭春是北方戏剧的奠基人之一，还曾是新月社的骨干成员，算是林徽音的前辈，还和徽音一起演过《契成拉》。《财狂》的舞台美术设计显然是张彭春指名邀请林徽音设计的。这个设计运用写实主义的手法，采用立体布景，取的是守财奴韩伯康家宅和庭院的一角，厅堂，厅堂前的月台及台阶栏杆，连着厅堂的一段平顶回廊，廊墙上的京式花窗，以及台栏旁边的桌子椅子，廊下的坐凳栏杆等等，不仅非常写实，而且在精练中含着那么几分浪漫，而留给剧中人物活动的空间，又是那么恰到好处。随着剧情的发展，剧中人物上上下下，组成一幅幅画面，一看即知是大师的手笔，与众不同。这个布景还大胆革新，充分使用灯光不落幕，而是以灯光的渐入渐出代替幕帷，用灯光巧妙地打出天空的颜色，不仅能显示时间的变化和差别，还能配合剧情的发展，收到引领观众注意舞台的效果。用灯光控制舞台，就打破了固定的镜框式舞台口的限制，完全用灯光控制取景范围和高宽比例，为了把场面拉大，取了亲切近人的尺度，舍掉了舞台的上部空间，这样就把整个演出舞台控制成电影的宽银幕一样。这些做法都是戏剧演出史上的创举，在当时引起社会上很大的轰动，获得一致的好评。林徽音早就热心于融会巴黎小剧场的一些长处，希望把观众和舞台连成一片，缩小他们之间的距离，《财狂》的布景设计，在戏剧演出史上，是一个非常重要的贡献。为了表现韩伯康的守财奴性格，临到演出之前，又将布景中的建筑和家具全部做旧，不见新色。这种做法，也许和后来她与思成提出维修古建筑必须"整旧如旧"，而坚决反对"焕然一新"的主张，有某种必然的联系。可惜她后来忙于建筑与文学，没有太多的精力放在戏剧演出和舞台美术设计上，在抗战后期，她病重之后不得不放弃文学创作和戏剧爱好时，还含有无限的惋惜。她在戏剧、戏剧演出和舞台美术设计方面的才气与潜力，显然是相当之大，未能尽情发挥出来，别人更替她惋惜。

进入 20 世纪 30 年代，自 1931 年至 1937 年 7 月，这短短的七年时间，林徽音在建筑事业中取得巨大的成就，在美术设计方面也取得一些较大成就的同时，在诗歌、散文、小说、戏剧和文学创作理论方面，总起来说也就是文学方面，也取得了巨大的成就。

自 1931 年在《诗刊》上发表诗作《"谁爱这不息的变幻"》，

至1937年8月在《文学杂志》上发表诗作《去春》,现在查到的是一共发表诗作四十二首,另外有一首《灵感》作于1934年,未曾发表。后来1948年发表的《一串疯话》虽未署年月,从诗的内容和风范来看,显然也必是20世纪30年代所作。林徽音的诗篇篇都是佳作。林徽音的传世散文,从前已经查到的有《窗子以外》《悼志摩》《纪念志摩去世四周年》《蛛丝和梅花》《〈文艺丛刊〉小说选题论》《究竟是怎么一回事》《平郊建筑杂录》等,都是20世纪30年代之内1937年以前写出和发表的。《一片阳光》发表于1946年,经我考证,还是1935年春初所作。林徽音的散文近两年我又查出还有《惟其是脆嫩》和《山西通信》,以及《〈文艺丛刊〉小说选》的发行公告等,也都是这段时期写出和发表的。大量的建筑散文名篇如《闲谈关于古代建筑的一点消息》《由天宁寺谈到建筑年代之鉴别问题》《晋汾古建筑预查纪略》等,都没有计入在内。林徽音已经发表的散文,只有《彼此》一篇,写在抗战时期的1939年。林徽音的散文,也是篇篇都为佳作。徽音的传世小说共六篇,照我看来其中的四篇允称上上佳作。《窘》《九十九度中》《吉公》当时和以后都有评论,《九十九度中》更被著名评论家李健吾称作是当年"好些短篇小说的杰作之中,这是最优美的收获之一"。李健吾还批评了当时一位国立大学文学院的教授,"承认他完全不懂这一到一万五千字的东西。他有的是学问,他缺乏的便是多用一点想象"。一直到1989年，卞之琳在一篇回忆中，还语意深长地指出，"这篇允称吾国早期最像样的意识流小说"，"同时含写实精神"，"我也觉得比今日流行的'意识流'小说道地、纯正，远胜过准荒诞派'新潮''新锐'的时髦梦呓"。《吉公》一写成就受到金岳霖的称赞，今天回过头看，我更认为是最好的一篇写到早期爱国知识分子坚决反对旧式科举，想学近代科学技术，向往开放和国家富强的小说，甚至好像有意要和鲁迅的《孔乙己》作比照。《文珍》以极大的同情写了一个丫鬟的反抗精神，跟了一个革命党走了。林徽音的六篇小说，也全是1931年至1937年写成发表的。从铺开的架势来看，她显然还想一篇一篇写下去，她还有很大的潜力。林徽音传世戏剧，只有一部四幕剧《梅真同他们》，写成和发表于1937年，还差一幕未写完。

如果1923年初试锋芒翻译散文诗刨去不算，一般认为1931年林徽音进入文坛，那一年她二十八岁（虚岁），芳华正茂，人称林小姐，大概也是兼借《红楼梦》中林黛玉的称呼吧。萧乾回忆说，她可不是那种只会抿嘴嫣然一笑的娇小姐，她走进文坛，也不是那种跟在前辈后面随人俯仰的小姐。她一出道一出手，就像是一个坐以论道的方家。用今天的话说，她是从斜刺里冲进文坛的一匹黑马。她进入创作高潮的时候，新月社时期那些大将狮子老虎，似乎已经风流云散。《大公报·文艺副刊》创刊，她在创刊第一期上发表《惟其是脆嫩》，提倡写真实的感受，畅谈创作的甘苦，呼唤佳作，还号召大家扶植新生的刊物，说文艺的园地不是丛生的杂草，这篇文章简直就像是一篇"发刊词"。《大公报·文艺副刊》出"诗专号"，在头条位置刊发了她的《究竟是怎么一回事》，大谈作诗的奥秘。新月派的绅士风情一向不重视创作理论，作诗一向被认为无法可循，徽音这篇诗论，说而又说，说而不说，极尽吞吐往复参差离合之致，本身就是一篇绝妙的散文诗。她娓娓动听地大讲自己的情感体验和理智的客观体察，驾驭有声音有画面有情感的语言，表现内心与外物息息相关的联系，以及发生的悟理或境界，谈到惨淡经营专程致意和下笔有神妙手拈来，忠于情感，又忠于意象，更忠于那一串刹那间内心整体闪动的感悟。古人诗有云："有情天地内，多感是诗人。"诗人感物之兴，在我国原本是《诗经》《楚辞》以来绵延至当今现代的传统，可是写诗究竟是怎么一回事，又有几个人敢说，又有谁能说得清楚？徽音自己有诗云："神仙纷纭的浮出紫烟，/衫裾飘忽映影在山溪前"。那神仙纷纭、衫裾飘忽，本来是不可言传，"愉悦的心声，轻灵的心画，常如啼鸟落花，轻风满月，夹杂着情绪的缤纷，泪痕巧笑，奔放轻盈，若有意若无意地遗留在各种言语文字上"。她写诗论能写到这个份儿上，哪里还像是一位文坛新秀，可不是真的像是一位坐以论道的方家了吗？后来《大公报》请她主持《〈文艺丛刊〉小说选》的编选，写了《〈文艺丛刊〉小说选题论》，这种场合她当然更是当仁不让，尽情地阐述，她反复提倡写真实，说"作品最主要处是诚实"。刻画这多面错综复杂的人生，不拘泥于任何一个角度。她批评前一阶段"刻薄地以讽刺个人博取流行幽默的小说"，后来衰灭下去几至绝迹，是好现象。她说"生活大胆的断面，这里少有人尝试"等等。她自己受过那种刻薄讽刺流行小说的伤害，她写过《九十九度中》那样"大胆的断面"，她是以一位知情的人过来的人，在评论小说领域的方方面面。《大公报》请她主选《〈文艺丛刊〉小说选》，是对她在文坛上的地位的一种承认和肯定，她一直关心着《大公报》的《文艺副刊》，每期都详细地阅读，萧乾主编《文艺副刊》时，每到北平来今雨轩茶社召开座谈会，约稿和征求意见，她都要参加，发表不少高见。萧乾说，1938年他去香港继续编《文艺副刊》，"她仍然遥遥地给我指点和支持"。"指点"二字含着多么大的分量。1936年《大公报》还决定设立一年一度的"文艺奖金"，请平、沪两地与《大公报·文艺副刊》关系较密切的先辈作家担任裁判委员，林徽音是委员之一，裁判委员中有朱自清、朱光潜、杨振声、叶圣陶、巴金、沈从文、李健吾等。也是在1936年，上海良友图书印刷公司印行《二十人所选短篇佳作集》，请林徽音做推荐人，她推荐萧乾的《矮檐》入选。从以上这些事实来看，到1936年前后，她已经是文学界里名副其实的一流名家中的一人了。就在这时，1937年的《新诗》第四至六期接连刊出预告，将出版林徽音诗集。

徽音一生挑起建筑和文学"两担云彩",并且在1931年至1937年这短短的几年中,同时交辉,放出奇异的光彩,这意味着什么?又说明了什么?她的才华横溢,精力过人,这当然是一个首要的前提。我看奥秘恐怕还不在这里,她是一位诗人,一身诗人的气质。诗是文学的奥秘,对于一位诗人、文学家来说,诗又是人生的奥秘。中华民族有悠久的历史,灿烂的文化,建筑是我们民族的精英文化,文学当然更是。徽音把建筑事业看作是实现生命的,把文学事业也看作是实现生命的,她带着一种幽馥的虔诚和腾沸的热恋,把建筑和文学的追求,当成整个的生命意识,作全身心的投入。建筑和文学又是姊妹艺术,她早早就悟出了"诗意""画意""建筑意"。我国有句古谚叫"血气方刚",又有句古谚叫"三十而立",这几年的林徽音正是三十上下,用数学公式写出来,正是 30±3 岁,她在建筑和文学两个领域里翱翔,更由于频繁地走出去参加寻找古建筑的调查活动,而得以深入民间,探索幻若苦谜的宇宙人生,我们对照起来一起读读她这几年写下的建筑文章和散文,比如一起读一读《平郊建筑杂录》、《晋汾古建筑预查纪略》和《窗子以外》、《山西通信》,以及介于这两者之间的《闲谈关于古代建筑的一点消息》,一起读读她这几年的精力,和这几年当中与建筑活动、建筑思考、建筑意向相关联的一些诗篇,问题就大概全能解决了。这几年她好像云雀在高空中自由地歌唱,好像鲨鱼在清水里快乐地闲游,正是她一生中最快乐的时光。这些情况再说下去,已非我的能力所及,也许再也说不好了。我且把它称作"林徽音现象",这是一个别人无法企及甚至很难理解的现象,还是请建筑和文学两界贤达,共同探讨吧。

我们也可以暂且避开这个难题,先来轻松一下,欣赏一点林徽音独特的带着浓郁的建筑意味的诗篇佳作吧。

人去时,孔雀绿的园门,白丁香花,

相伴着动人的细致,在此时,

又一次湖水将解的季候,已全变了画。

——《去春》

你爱这里城墙,

古墓,长歌,

蔓草里开野花朵。

……

我们在古城楼上

今天,——

白鸽,

(你准知道是白鸽?)

飞过面前。

——《城楼上》

偏又流成愤怨，聚一堆黑色的浓烟

喷出烟囱，那矗立的新观念，在古城楼对面！

……

再低着头去寻觅那已失落了的浪漫

到蓝色棉帘子，万字栏杆，仍上老店铺门槛？

……

即使古老些，需要翡翠色甘蔗做拐杖

来支撑城墙下小果摊，那红鲜的冰糖葫芦

仍然光耀……

——《古城春景》

我数桥上栏杆龙样头尾，

像坐一条寂寞船，自己拉纤。

——《十月独行》

楼外又楼外，幻想彩霞却缀成

凤凰栏杆，挂起了塔顶上灯！

——《灵感》

是谁笑成这百层塔高耸，

让不知名鸟雀来盘旋？是谁

笑成这万千个风铃的转动，

从每一层琉璃的檐边

 摇上

云天？

——《深笑》

这首题为《深笑》的诗,最应该引起我们的重视。先前林徽音写过一首题为《笑》的诗,诗中说:

那是笑——诗的笑,画的笑:
云的留痕,浪的柔波。

一时最为传诵。后来又写了这首《深笑》。再对照她 1931 年 8 月写的《山西通信》:

我乐时就高兴的笑,
笑声一直散到对河对山,
说不定哪一个林子,
哪一个林落里去!
我感觉到一种平坦,
竟许是辽阔,和地面恰恰平行着舒展开来。

散文里写的也是深笑，不过是向着四野平行着舒展，这首诗里的深笑，又是散向高空，摇上云天，顺着百层高塔的琉璃檐边。《深笑》是1936年1月发表的，当时徽音还未去过开封铁塔，诗中提到的琉璃塔，只能是由赵城广胜寺飞虹塔激发的灵感，那么这首诗很可能是1934年晋汾古建筑调查时已经在酝酿，就和《山西通信》是同一个时期的快乐情绪了。林徽音把她对建筑意的直觉的领悟和神往的会心，融化到诗里面，锤炼分散，成为一种独特的光芒和气质，这样的诗，是只有林徽音才能作得出来的。

林徽音肩头担起两担云彩，"两担云彩"的下一句是"带着光辉要在从容天空里安排"。她总得有一个"从容天空"。1935年秋冬，日寇侵华野心已到了明目张胆剑拔弩张的程度，思成、徽音已经收拾文件行装，准备离开北平，转移到内地去。接着日本政局又有了一点变化，就要大举入侵，也推迟了。思成觉得情况紧急，找到唐代木构建筑的夙愿还未实现，他心急如焚。思成说："很显然我们能在华北工作的日子已经不多了。在我们被阻止这样做之前，我们决定要在这个地区全力以赴。"思成又说："在中国，这一代人中已无建筑学研究的余地。时代要求更带根本性的行动，面对这更大的问题，那训练一个人于别的事情的教育应当毫不犹豫地抛弃掉。"一向甘作无名英雄，以助丈夫事业成功为人生要义的徽音，当然也就要放下一切，全力以赴了。建筑是他们共同擎举的事业,何况思成选择建筑为终生职业,还是在她的影响推动之下决定下来的呢。1937年前三个月,《新诗》月刊已在连续预告即将编辑出版林徽音诗集。同年5月、6月、7月三个月的《文学杂志》已经连载出《梅真同他们》四幕剧中的前三幕,8月1日出版的第四期《文学杂志》"编辑后记"中说:"林徽因女士去山西旅行,《梅真同他们》的第四幕稿未能按时寄到,只好暂停一期,待下期补登。""山西旅行"正是去寻找佛光寺。日寇为全面入侵挑起的卢沟桥事变就在这时爆发,《文学杂志》再也不能有接连的下期,《梅真同他们》终于未能完成,留下一个永久的遗憾。林徽音的诗集已发预告,也因日寇入侵未能编印出来,当然是更大的、永远无法弥补的损失。如果当时有一个"从容天空",编出林徽音诗集,1937年以前的诗作就绝不只是散存到现在的四十余首,许多诗稿因为未能结集,后来就不存了。也许有人会问,和思成一起找到一座佛光寺,徽音自己损失了一部剧作的最后一幕,损失了一部诗集未能结成,是不是划算值得?林徽音诗集非常重要,但是还不能这样提出问题,这笔账应当算在日本人头上,是日本帝国主义侵略中国,打断了《梅真同他们》的最后一幕,摧毁了编辑出版林徽音诗集的计划。日寇侵略中国,给中华民族带来了空前的灾难,造成的生命财产损失空前巨大,无法估算。

1931年至1937年是林徽音一生最快乐的一段时间,好比是春天进入了夏天。

> 那轻,那娉婷,你是,鲜妍
> 百花的冠冕你戴着,你是
> 天真、庄严,你是夜夜的月圆
> ……
> 你是一树一树的花开,是燕
> 在梁间呢喃……

这是四月初夏。

> 你来了,花开到深深的深红,
> 绿萍遮住池塘上一层晓梦,
> 鸟唱着,树梢交织着枝柯,——白云
> 却是我们,悠忽翻过几重天空!

这是五六月的盛夏。好景不长,秋天跟着就来了。她的《给秋天》这样写道:

> 可是我爱的多么疯狂,
> 竟未觉察凄厉的夜晚

已在你背后尾随,——
等候着把你残忍的摧毁!

正是日寇的野蛮入侵,把林徽音的美满欢乐残忍地摧毁了。

1937年8月,徽音和思成扶老携幼逃出被占领的北平。徽音心肠特软,她说她恨不得把城里所有的太太孩子都背出北平。这次逃难,他们经天津、济南、武汉,上下舟车十六次,进出旅店十二次,10月1日到了长沙。在长沙等待安置,住所遭敌机轰炸,全家仅以身免。后来决定随西南联大转赴昆明,12月8日挤上汽车,中途在晃县汽车被征军用,徽音又得了重病,很久再上路,前后历时三十九天,才到了昆明。营造学社在昆明艰难起步,徽音已成病人,不能外出考察,只能留守做后勤了。1940年11月,营造学社迁往宜宾附近的南溪县内的李庄,途中徽音病情加重,到了李庄,已经是病废之人,长期卧床不起,咳嗽发烧不止,挣扎在死亡线上。通货膨胀,物价飞涨,闹得吃不上穿不上,可怜的家底也早已吃光当光,病人得不到治疗,又缺乏必要的营养,以至于史语所所长傅斯年出来打抱不平,向上司和政府呼救,替他们争取补贴,说他们已经吃尽当光,又得了重病"其势不可终日",甚至发出"恐无外边帮助要出事"的哀叹。傅斯年的说法不是言过其实,抗战期间,教授的薪资已不能维持全家最低的生活,闻一多不得不给别人刻图章,梅贻琦夫人铺一块油布摆地摊，变卖子女穿小了的衣物，杨石先也靠典卖衣物补贴家用。社会学家陶孟和的妻子死于肺病，南开边疆人文研究室主任陶云逸病逝后，妻女生活无着，陶夫人被迫投身滇池，为渔民所救，从绝命书中才知道她是一位在苦难中挣扎的教授夫人。由于思成在营造学社的业绩，赢得了国内外学术界的敬重和注意，丁在君说，营造学社即彼一人耳。在李庄最困难时期，梅贻琦、罗常培、郑天挺等人都去看望慰问，费正清、费慰梅一直在关怀他们，也去看过他们，甚至李约瑟也专程到李庄看望他们。这时美国的一些大学和博物馆也写信来邀请思成到美国访问讲学，费正清夫妇也力劝他们到美国去工作并治病。思成复信说："我的祖国正在灾难中，我不能离开她；假使我必须死在刺刀或炸弹下，我要死在祖国的土地上。"徽音的散文《彼此》提到她认得有个人，过着国难日子，他说："他为这可爱的老国家带着血活着，或流着血或不流着血死去，他都感到荣耀，异于寻常的，他现在对于生和死都必然感到满足。"徽音、思成他们的爱国热情和献身精神，读起来真是能够催人泪下。他们一直都是爱国者，一直痛恨日本人。他们的爱国报国热忱，又和事业心融合在一起。他们研究中国建筑就是为祖国增光增气，与日本人对着干。1932 年 6 月，徽音致信给胡适，说到思成跑路去，调查宝坻广济寺，"我们单等他的测绘详图和报告印出来时吓日本鬼子一下痛快"。1935 年日本人逞凶查封《大公报》，办起《亚洲民报》，她极为愤慨，致信沈从文痛骂日本人。1937年7月卢沟桥事变后，她写信给九岁的女儿，告诉她"日本人要来占北平，我们都愿意打仗"，叫她"不怕打仗，不怕日本"。在长沙和去昆明途中，她致信沈从文，说她时时挂虑着前线战士的寒冷和死活，担心华北前线的防御，甚至"真想在山西随军"。陇海前线的激战，更使她兴奋，"整个心都像在那上面滚"。她把那些年轻的空军飞行员当作自己的子弟。她指责政府无能，抗战不力，"一提起主席将军话就多了"。抗战后期，日军攻占都匀，直逼重庆，从诫问母亲，如果日本人打进四川，你们怎么办？这时她已是病废之人，在床上呻吟，她说念书人总还有一条后路，"家门口不就是扬子江吗？"一般好说她是闲雅诗人，本来就不对，她热爱生活，热爱生命，一身滚沸的血流，日寇吞并东北以后，她就写过《"九·一八"闲走》："我不信热血不仍在沸腾"，"待从地面开花，另来一种完整"。战争的苦难和生活的熬煎深化了她的认识和情感，在昆明她写出了一首很好的抗战诗《除夕看花》和一篇非常出色的抗战散文《彼此》。在李庄她写出了《哭三弟恒》。

作为建筑学家的林徽音，抗战期间在建筑领域内，至少做了四件大事。

1941年底至1943年初，她协助思成完成一部《中国建筑史》。《中国建筑史》第六章中的《北宋之宫殿苑囿寺观都市》《辽之都市及宫殿》《金之都市宫殿佛寺》《南宋之临安》等几节，全出自林徽音的手笔。思成在《中国建筑史》油印本"前言"中说:"林徽因同志除了对辽、宋的文献部分负责搜集资料并执笔外,全稿都经过她校阅补充。"

1943年她协助思成完成英文《图像中国建筑史》。思成在该书"前言"中写道:"最后,我要感谢我的妻子、同事和旧日的同窗林徽因。二十多年来,她在我们共同的事业中不懈地贡献着力量。……在大部分的实地调查中,她又与我做伴,有过许多重要的发现,并对众多的建筑物进行过实测和草绘。近年来,她虽罹重病,却仍葆其天赋的机敏与坚毅;在战争时期的艰苦日子里,营造学社的学术精神和士气得以维持,主要归功于她。没有她的合作与启迪,无论是本书的撰写,还是我对中国建筑的任何一项研究工作,都是不可能成功的。"梁从诫后来回忆,写作《图像中国建筑史》时,父亲和母亲一面讨论,一面用一台古老的、噼啪震响的打字机打出草稿。从诫又说《图像中国建筑史》的前言部分,"大半出自母亲的手笔"。徽音这段时间的建筑史写作,大部分都是在病床上完成的,思成帮她设计了一个连着床的活动桌架。

思成和徽音认为,一个学术研究机构不能没有刊物,中国营造学社的工作成就,全是通过营造学社汇刊报道出去,在国内外赢得了声誉。《中国营造学社汇刊》先已出了六卷二十一期,由于日寇入侵被迫停刊,他们一直想着要复刊,佛光寺最重大的发现还没有报道出去。1944年他们决定恢复汇刊，没有条件就用土纸石印，照片无法制版就改用线描图，就这样思成一人主编出版了第七卷第一期，徽音一人主编出版了第七卷第二期。在第七卷第二期上，徽音发表了《现代住宅设计的参考》这篇长文，为的是迎接战后大规模住宅建设，提供借鉴。这一期还发表了费慰梅著、王世襄译《汉武梁祠建筑原形考》，徽音为此文写了一段编者后记。这一期汇刊编完以后，徽音又写了一篇编辑后语。这是《中国营造学社汇刊》的最后一期。林徽音为汇刊画上了最后的句号，也为中国营造学社的工作画上了圆满的句号。

旧时伦理道德讲"三纲五常""三从四德"，新时代提倡女权和妇女解放，但是知识女性仍然信守着"助丈夫事业成功为第一，教养子女成人为第二，自己事业的成功为第三"那样一种准则。林徽音自己肩上挑起"两担云彩"，还得担负协助丈夫、照料家庭两副重担。抗战之前在北总布胡同三号，家里最热闹的时候是十六七口人，除了自己小家五口之外，还有五口亲戚和他们老妈子，另外有六七个仆人，徽音担任家庭经理的角色。抗战时期只有家里五口，可又雇不起保姆，柴米油盐锅碗瓢盆洗洗涮涮缝缝补补，全靠徽音一人，这时她已是重病之人，每天累得半死，上床呻吟，她哀叹她为什么还活着。社会上已经认识到，营造学社不过思成一人而已，李庄时候，思成代理社长，每年到重庆去为申请经费而小跑，徽音还得替他照料整个营造学社。以至于他们自我挖苦地说，思成是火车站，徽音是站长，有时候又反过来。1943年8月，刘敦桢离开营造学社应聘到重庆中央大学任教，徽音给费慰梅写信说："现在刘先生一走，大家很可能作鸟兽散。"果然，刘敦桢走后，他的助手陈明达也到西南公路局去了。思成说的"在战争时期的艰苦日子里，营造学社的学术精神和士气得以维持，主要归功于她"。思成说的语重情长，可全是实话。徽音的毅力惊人、贡献突出，她和思成的同学陈植后来回忆，仍然赞叹不已。

抗战胜利后复员回北平，思成应梅贻琦之聘，到清华大学创办营建系，徽音一到校立即为教师设计胜因院住宅。她投身教学，开了不少的课。当时教师不多，思成去美国讲学考察建筑教育和担任联合国大厦设计建筑师顾问团中国代表期间，徽音带年轻教师主持教学。这期间她身体很坏，1947年底不得不住院做肾切除手术，她已经给费慰梅写了诀别信，又作了一首诗《写给我的大姊》，也是当作诀别的遗嘱。《恶劣的心绪》也是手术前写下的。1946年至1948年徽音写了几首小诗，又接受杨振声、金岳霖的建议，整理一些以前的诗作发表。这几年她心情低沉，《恶劣的心绪》的诗题似乎可以代表整个时期的心境。她在抗战时期写的《哭三弟恒》也是这时发表，诗中说的"中国还要上前，黑夜在等天亮"更代表着她心境中的积极一面。

从1949年到1955年不幸故去这六年多，是林徽音作为建筑学家和设计师鞠躬尽瘁，发出最后辉煌的时期。这个时期她完全告别了文学创作，文章风格也有了变化。这个时期的辉煌业绩，至少有六个方面。

林徽音参加和主持了中华人民共和国国徽设计。这是全国政协交下来的任务，委托清华大学和中央美术学院进行设计。徽音和思成带领清华大学营建系教师高庄、朱畅中等，连续几个月的努力，方案中选，直到最后确定。1950年6月23日，政协大会以起立表决的方式，一致通过清华大学的设计。9月20日，中央人民政府、毛泽东主席明令公布其为中华人民共和国国徽。徽音1929年曾设计东北大学校徽中选，二十年后设计国徽。国徽设计庄严，用天安门表现历史和革命，最为得体，把五星红旗挂在天上，更在庄严肃穆中融合了浪漫的诗意。国徽的设计，林徽音贡献出一生的才华和诗意，是她一生建筑和设计事业的一个最光辉的成就。

1952年，徽音被任命为人民英雄纪念碑建筑委员会委员，负责与碑座和碑身设计雕饰纹样和花圈图案。徽音一向喜爱雕饰图案，早在东北大学就开过雕饰史的课。为了这个设计，她找了许多资料，做了许多方案草图，每一朵花，每一片叶子都描画过几十次上百次，那一丝不苟精益求精的劲头，感人至深。思成为碑建委员会副主任和建筑设计组组长，思成出国期间，碑建会的工作正进入紧张繁忙阶段，她替思成做了不少设计和行政方面的工作。

1950年至1951年，徽音应工艺美术界的邀请，深入到景泰蓝和烧瓷等工艺工场调查研究，掌握生产工具，帮助他们设计了一批具有民族风格又便于生产制作的新产品，还亲自参与试制，挽救了传统工艺美术，还帮助救活了两个濒临关闭的老厂。她还为美术院校和美术界培养研究生，她的研究生常沙娜后来做了中央工艺美术学院院长，钱美华做了景泰蓝厂总设计师，孙君莲也成了优秀的设计骨干。徽音带研究生研读期间，对历代图案进行研究，分析其演变和发展规律，还草拟了一个《中国历代图案集》的提纲，准备请王逊一道撰文，由常沙娜她们绘制图案。对于徽音挽救扶植恢复景泰蓝和烧瓷工艺，以及在传统技艺上的设计创新，后来在中国文学艺术工作者第二次全国代表大会上，江丰在美协的工作报告中，作了热烈的赞扬和充分的肯定。中央工艺美术学院并入清华大学，成为艺术设计学院。把建筑设计与艺术设计结合沟通起来，一直是徽音的夙愿和憧憬。

随着经济建设高潮的到来，城市建设的发展，古代文物建筑和古城的保护成了一个十分紧迫的问题。20世纪30年代，思成到各地寻找古建筑，徽音称他是作侦探。20世纪50年代，思成和徽音呼吁保护古建筑、保护古城，我觉得他们是为民请命，为古建筑、古城请命，他们在作律师。为了保护北京古城和古建筑，思成作了许多方案，提出各种设想，写了大量的文章，作了多次的呼吁。徽音协助思成写了《北京——都市计划的无比杰作》,又和思成合写了《祖国的建筑传统与当前的建设问题》,自己写了《谈北京的几个文物建筑》,又在《新观察》上开辟《祖国的首都》专栏,一连写了十一篇介绍北京文物建筑的文章。1954年她当选为北京市人大代表,在一次讨论天安门前东西三座门拆留问题的代表会上,她抱病出席发言,鞠躬尽瘁,慷慨陈词,呼吁保留,并提出两全的可行方案,代表们都很赞成她的意见,可是三座门必须拆除早已内定,结果还是通过拆除,后来批梁的勇士们更振振有词,说什么东西三座门和西直门外的十一间破庙,根据社会主义现实主义的原则,必须拆除!她和思成力主保留北京城墙,她称北京城墙好比是璎珞项链,还提出多开城门和豁口,保留城墙,在上面建成城墙花园,作为劳动人民的文化休息场所。他们知道,城墙一旦拆除便永远无法补救,所以大声疾呼,苦苦哀求,甚至声泪俱下,请求刀下留城,从长计议。他们还说,拆了城墙,子孙后代要后悔的,一时的愚昧无知付出了重大代价,城墙被说成是"长在社会主义首都脖子上"的一条"锁链",成片成片地拆除了,现在后悔的人民群众一块一块地献出拆掉的城砖。现在居庸关"重建"了关城城墙,有一张获奖照片,照的是不少人在城墙上散步下棋看画报,那种场面居然和思成、徽音他们四十年前的设想和画出的城上公园示意图一模一样。

中国不能没有建筑史,他们半生的奋斗,跑遍了大半个中国，寻找古建筑实例，历尽千辛万苦，就是为了要写一部中国人写的建筑史。抗战期间写出的《中国建筑史》一直未能出版，学了一些马克思主义的理论以后，他们也愿意对建筑史的发展提出新的认识、新的看法。就建筑专业的教学和社会上的需要而言，大家也盼着他们的建筑史尽早问世。思成在《建筑学报》1954年第一期上发表了《中国建筑的特征》。同年第二期上发表了思成、徽音和莫宗江联合署名的《中国建筑发展的历史阶段》。同期学报的编者后记说"梁思成教授关于中国建筑史的连载文章，继续刊登"，又预告 1955 年第一期"将继续刊出《中国建筑的优秀实例》"。到了 1955 年 2 月，突然发起批判梁思成的运动，1954 年两期学报因刊登建筑史文章而遭到批判，1955 年第一期学报已印出即将发行，也因为批判梁思成而下令全部销毁，已经印出旋被焚毁的那篇《中国建筑的优秀实例》，到底也不知道是思成一人所写，还是二人或三人合写。从这三篇文章的内容和发表次序来看，正是建筑史开头的几篇，他们显然是要把建筑史重写一遍。有关方面编了一部大型盒装的《中国建筑彩画图案》，请徽音审稿并作序。她当然是这个领域的绝对权威，她提出了很多精辟见解和批评意见，分析清末彩画的没落，指出绘制的聒噪喧腾和失败"走样"，而编者却要她在序文中"强调优点"，使她非常为难。这本书一直到林徽音逝世后才印了出来，序文中不能畅所欲言，退让到要求保留一些"负责的修正"，也不知究竟容许保留了多少。林徽音传世文章最后之作就是《中国建筑发展的历史阶段》和《〈中国建筑彩画图案〉序》。她热爱文化,热爱和平,中国人民保卫世界和平委员会等单位召开纪念世界四大文化名人大会,她和思成应邀为《人民日报》写了《达·芬奇——具有伟大远见的建筑工程师》。亚洲及太平洋区域和平会议在北京召开,她抱病策划和设计艺术礼品,应邀写了《和平礼物》一文,在《新观察》上发表。

新中国成立以后林徽音仍然是个病人,未能恢复元气。她带病做了大量的工作,写了不少文章,还担负繁重的教学任务,讲过"建筑史""住宅概论"等课程,直到生命的最后阶段。到1954年,她开的"中国建筑史"等课程,大半是躺在床上讲授,学生走后她就发烧咳嗽不止,这样舍己芸人,讲课时仍然兴奋不已。

1954年冬天很冷,徽音病情转重,思成决定搬到城里过冬,以便治病,房子没有找好,临时借住在陈占祥家里。1955年2月,春节刚过,在全国范围内开始批判"以梁思成为代表的资产阶级唯美主义的复古主义建筑思想"。批判气势凶悍,不容分辩,研究建筑史、古建筑和文物保护都被打成复古主义,"企图完成一部中国建筑史"也成了一种罪状。从此很长一段时间里,实际上剥夺了思成写作建筑史的权利,思成开创的建筑史学科从此一蹶不振,名存实亡。徽音当时病情严重,住进医院,一次批判会后，吴景祥陪思成到同仁医院看望徽音，见到思成，谁都说不出话来，二人只是相对无言，默默相望，吴景祥看了也不觉凄然泪下。思成接连挨批忍受不了种种打击和折磨，也一病不起，住进了医院。3月31日深夜，徽音忽然用微弱的声音对护士说，她要见一见思成。当时思成就住在隔壁病房。护士回答，夜深了，有话明天说吧。弥留之际她想见亲人，有话要说竟未说成，4月1日清晨，凄然长逝。这时她才刚过五十岁，尚在中年。

我们应该怎样评价林徽音的一生？她的作品是超凡出众的，她的人格更是超凡出众。她一身幽馥的诗意，满腔滚沸的血液，又"挑起两担云彩"，在建筑和文学两个领域里都做出了巨大的贡献。她才华过人，很早就有"一代才女"之称，岂止一代，旷世超卓，罕有其匹。20世纪40年代的学者说她是"今之女学士，才学至少在谢冰心辈之上"，可谓一语妙中。她又是一位悲剧性的人物，她的生命正放出奇异的光彩，日本帝国主义的万恶侵略摧毁了她，使她的才华未能完全发挥出来。新中国成立后她获得新生，鞠躬尽瘁，再放出生命的光彩，一场"左"的、完全错误的批判运动，又使她过早地离开了人间……

由于时代的浅薄和"左"的惯性堕力，我们现在对林徽音的认识和礼敬，还差得很远。她的爱国情怀和献身精神，她的惊人毅力和创造热情，她的慈悲心肠和人格魅力，是知识分子的崇高典范。她的诗文小说和建筑文学中那种真奥之思、飞动之趣，那种衫裾缥缈、云衮霞缨的神彩，我们还不能很好地领悟。有人甚至还说，她的作品"绝不是第一流的"。建筑界的情况似乎更糟。这位我国第一代优秀建筑师之一、第一位女建筑师，我国数一数二，甚至足可以与梁思成并列第一而无愧的建筑学家、建筑大师，在《中国大百科全书·建筑卷》上居然连个条目都没有！不少年轻建筑师已不知林徽音为何人。这都是我们这个时代的悲哀，我们怎能不问心有愧呢？

・水彩画作《故乡》(其一)
（中国营造学社纪念馆提供）

编后记

《林徽音先生年谱》是曹汛先生从事二十余年的一项研究工作。根据目前现有的文献和我们所知的情况，对本书编撰的过程做一简要介绍。

曹汛对林徽音先生怀有深厚的感情。他一直深感遗憾的是，1955年4月1日林先生逝世，同年7月他考入清华大学建筑系读书，未有机会见到林先生。他多次说起从事这项研究的缘起，是因为入学后见到一份林先生的设计手稿，对其设计才华深感钦佩，建筑与文学"两担云彩"被林先生一肩挑起。编订一部《林徽音先生年谱》，是许久以前就在曹汛心中播下的种子。

1998年曹汛协助校理出版梁思成的《中国建筑史》和《中国雕塑史》，随即建议编辑出版林先生文集的建筑卷和文学卷。1999年梁从诫编成《林徽因文集》，曹汛列名为特邀编校。梁从诫"编叙"提到，是曹汛"力主编辑出版林徽因建筑文集并草拟了篇目"。此前人们对林徽音的认识更多在其文学成就,而对她在建筑领域的贡献了解不多。曹汛特别关注林徽音的建筑文章和设计作品,指出林先生不仅是诗人和文学家,更是建筑学家和设计师。"作为建筑学家和设计师的林徽音先生,论学识水平和实际贡献,在近百年的建筑界内,不仅是第一流的,而且是数一数二的,或者也可以说是与梁先生并列第一而无愧,至少是仅次于梁先生居第二位。"

为了全面梳理林徽音的事迹和作品,多年来曹汛不断辛勤爬剔。1999年4月8日,他在《光明日报》发表《寻找一篇文章》,介绍他寻找考订林徽音第一篇文章《夜莺与玫瑰》译文的过程,从而将林徽音最初发表作品的时间从1931年提前到1923年。是年林徽音20岁,这样方与一位早熟早慧的才女形象相符。

2009年曹汛在《中国建筑史论汇刊》发表《林徽音先生年谱》,完成阶段性的工作。此后他继续寻找林先生的佚文佚作,包括诗歌、小说、散文、翻译、书信、建筑论述、建筑设计、美术作品、舞台美术设计、工艺美术设计和封面设计,等等。曹先生的理想是将林先生年谱扩编为《配图本林徽音先生年谱长编》,将两卷本的《林徽因文集》增补为四册本的《林徽音全集》,以表达对前辈师长的一份拳拳敬意。

2019年北京出版集团出版曹汛的《中国造园艺术》，作为"大家艺述"系列的首部著作。同年10月，由王明贤、朱锫策划，邀请曹汛在中央美术学院举办国际学术系列讲座。曹汛是继普利兹克奖获得者雷姆·库哈斯、哈佛大学教授莫森·莫斯塔法维之后的第三位受邀学者，同时也是第一位中国学者。这次讲座共有四讲，嘉宾云集，盛况空前。第四讲是"为往圣继绝学：曹汛先生学术思想研讨会"，国内外的著名建筑史、艺术史学者和设计师、艺术家齐聚一堂，与曹先生共同探讨中国的建筑园林艺术，成为学术界的一桩盛事。

2020年通过北京出版集团申请，《林徽音先生年谱》获得国家出版基金资助，出版工作正式启动。

本书原计划于2021年出版。但整理过程的艰难超出了预计，除了事件细节的考订，更大的困难来自插图方面。曹先生希望出版一部《配图本林徽音先生年谱长编》，图片与文字同等重要。此前许多插图是他从旧书报刊中复印扫描，质量并不理想，需要重新找到原书，甚至与收藏者、收藏地联系图片和版权。曹先生多次与学界同行联系，请他们帮忙搜寻联络。我们努力协助整理，与此同时，更为担忧的则是他日渐消瘦的身体。

早在2018年，曹先生的身体就出现明显不适。他身患疾病还要在更早之前，但我们并未察觉，他一直以坚定的意志与病魔斗争，坚持研究工作。2021年9月曹先生病情加重，住进医院。疫情期间，无法入院探望，亲友们心忧如焚。12月6日医院突然告知，允许家属前去探望。我们预感到情况危急，想到此书是曹先生入院以前最大的牵挂，王忠波副总编辑立刻寄来尚未印制封面的样书。我们随同家属去往医院，将样书放在曹先生手中，向他报告这本书和《林徽音全集》的进展。当时曹先生已不方便开口说话，他努力睁开眼睛看着样书和周围的亲友，眼角溢出泪水。我们陪在曹先生床前两个多小时，与他叙往忆旧，看到呼吸机上的数字缓缓回升，满怀希望地期待他能够康复。

遗憾的是，当晚22点54分曹汛先生仙逝。12月12日举行告别仪式，曹先生夫人将年谱样书放在曹先生手边，随同几十位亲友师生撰写的挽联一起，陪他去往另一个世界，以告慰他的一番心血。

如今《林徽音先生年谱》终于出版。感谢曹汛先生亲属王玉侠女士、曹洪舟先生、曹洪藻女士的大力支持，感谢北京建筑大学和建筑与城市规划学院领导的关怀，感谢国家出版基金和北京高校高精尖学科建设－北京建筑大学（建筑学）项目的资助，感谢清华大学中国营造学社纪念馆提供图片的版权和王南老师对部分内容的精心审校，感谢北京林业大学中国风景园林思想研究中心的支持，感谢北京出版集团对此书的重视和王忠波副总编辑的全盘统筹。

除了《林徽音先生年谱》和《寻找一篇文章》，曹汛还为林先生写过《骄傲的辉煌——林徽音先生和她的建筑世界》《林徽音的两担云彩和佚诗〈微光〉》《林徽音先生设计〈中国营造学社汇刊〉封面考详》《〈林徽因文集·建筑卷〉编者后记》和《〈林徽因文集·文学卷〉编者后记》等。《骄傲的辉煌》是为林先生写的小传，已全文收入本书；其他文章也已完成整理，将在刊物上陆续发表。

自决定出版本书以来，出版社和曹先生便就书名商谈多次。曹先生主张，林徽音本名出自《诗经》"大姒嗣徽音"，又合"徽音冠青云"诗意，寄托了父亲对女儿的极高期望，与林先生一生的气质成就最为相合。林先生曾因不堪无聊文人的碰瓷骚扰而改名林徽因，并非她的本意。这个本名"不仅是父亲所赐，先生自己也喜欢，改名是痛苦的，不得已的，所以现在应该重新改回来"。本书尊重曹先生的主张，将"因"改回"音"，以"林徽音"之名出版。

刘珊珊　黄晓
2022 年 4 月 18 日

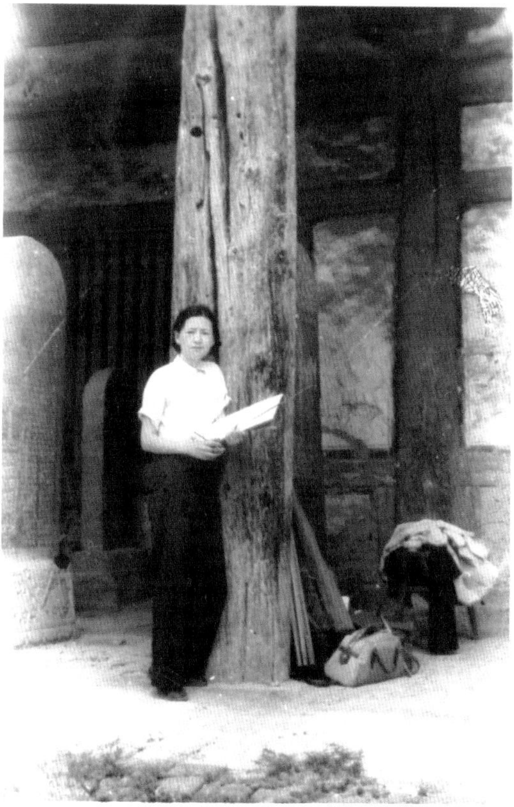

出版说明

"大家艺述"多是一代大家的经典著作,在还属于手抄的著述年代里,每个字都是经过作者精琢细磨之后所拣选的。为尊重作者写作习惯和遣词风格、尊重语言文字自身发展流变的规律,为读者提供一个可靠的版本,"大家艺述"对于已经经典化的作品不进行现代汉语的规范化处理。

文津出版社

图书在版编目（CIP）数据

林徽音先生年谱 / 曹汛著 . -- 北京：文津出版社，2022.7
 ISBN 978-7-80554-746-6

Ⅰ.①林… Ⅱ.①曹… Ⅲ.①林徽音—年谱 Ⅳ.① K826.16

中国版本图书馆 CIP 数据核字 (2020) 第 266237 号

选题策划：王忠波	责任编辑：王忠波
特约编辑：刘珊珊　黄　晓	图片提供：中国营造学社纪念馆
责任营销：猫　娘	责任印制：陈冬梅
责任校对：韩　莹	封面题字：老　莲
装帧设计：吉　辰	

林徽音先生年谱
LIN HUIYIN XIANSHENG NIANPU
曹汛　著

出　　版：北京出版集团
　　　　　文 津 出 版 社
地　　址：北京北三环中路 6 号
邮　　编：100120
网　　站：www.bph.com.cn
总 发 行：北京出版集团
印　　刷：北京汇瑞嘉合文化发展有限公司
经　　销：新华书店
开　　本：880 毫米 ×1230 毫米　1/32
印　　张：9
字　　数：136 千字
版　　次：2022 年 7 月第 1 版
印　　次：2022 年 7 月第 2 次印刷
书　　号：ISBN 978-7-80554-746-6
定　　价：98.00 元

如有印装质量问题，由本社负责调换
质量监督电话：010-58572393